나만의 여행을 찾다보면 빛나는 순간을 발견한다.

잠깐 시간을 좀 멈춰봐.
잠깐 일상을 떠나 인생의 추억을 남겨보자.
후회없는 여행이 되도록
순간이 영원하도록
Dreams come true.

Right here.
세상 저 끝까지 가보게

KB014618

New normal

뉴 노멀^{New normal} 이란?

흑사병이 창궐하면서 교회의 힘이 약화되면서 중세는 끝이 나고, 르네상스를 주도했던 두 도시, 시에나(왼쪽)와 피렌체(오른쪽)의 경쟁은 피렌체의 승리로 끝이 났다. 뉴 노멀 시대가 도래하면 새로운 시대에 누가 빨리 적응하느냐에 따라 운명을 가르게 된다.

전 세계는 코로나19 전과 후로 나뉜다고 해도 누구나 인정할 만큼 사람들의 생각은 많이 변했다. 이제 코로나 바이러스가 전 세계로 퍼진 상황과 코로나 바이러스를 극복하는 인간의 과정을 새로운 일상으로 받아들여야 하는 뉴 노멀New normal 시대가 왔다.

'뉴 노멀New normal'이란 시대 변화에 따라 과거의 표준이 더 통하지 않고 새로운 가치 표준이 세상의 변화를 주도하는 상태를 뜻하는 단어이다. 2008년 글로벌 금융위기를 겪으면서 세계 최대 채권 운용회사 핌코PIMCO의 최고 경영자 모하마드 엘 에리언Mohamed A. El-Erian이 그의 저서 '새로운 부의 탄생When Markets Collide'에서 저성장, 규제 강화, 소비 위축, 미국 시장의 영향력 감소 등을 위기 이후의 '뉴 노멀New normal' 현상으로 지목하면서 사람들에게 알려졌다.

코로나19는 소비와 생산을 비롯한 모든 경제방식과 사람들의 인식을 재구성하고 있다. 사람 간 접촉을 최소화하는 비대면을 뜻하는 단어인 언택트Untact 문화가 확산하면서 기업, 교육, 의료 업계는 비대면 온라인 서비스를 도입하면서 IT 산업이 급부상하고 있다. 바이러스가 사람간의 접촉을 통해 이루어지므로 사람간의 이동이 제한되면서 항공과 여행은 급제동이 걸리면서 해외로의 이동은 거의 제한되지만 국내 여행을 하면서 스트레스를 풀기도 한다.

소비의 개인화 추세에 따른 제품과 서비스 개발, 협업의 툴, 화상 회의, 넷플릭스 같은 홈 콘텐츠가 우리에게 다가오고 있으며, 문화산업에서도 온라인 콘텐츠 서비스가 성장하고 있다. 기업뿐만 아니라 삶을 살아가는 우리도 언택트Untact에 맞춘 서비스를 활성화하고 뉴 노멀New normal 시대에 대비할 필요가 있다.

뉴 노멀(New Normal) 여행

뉴 노멀New Normal 시대를 맞이하여 코로나 19이후 여행이 없어지는 일은 없지만 새로운 여행 트랜드가 나타나 우리의 여행을 바꿀 것이다. 그렇다면 어떤 여행의 형태가 우리에게 다가올 것인가? 생각해 보자.

▇ 장기간의 여행이 가능해진다.

바이러스가 퍼지는 것을 막기 위해 재택근무를 할 수 밖에 없는 상황에 기업들은 재택근무를 대규모로 실시했다. 그리고 필요한 분야에서 가능하다는 사실을 알게 되었다. 재택근무가 가능해진다면 근무방식이 유연해질 수 있다. 미국의 실리콘밸리에서는 필요한 분야에서 오랜 시간 떨어져서 일하면서 근무 장소를 태평양 건너 동남아시아의 발리나 치앙마이에서 일하는 사람들도 있다.

이들은 '한 달 살기'라는 장기간의 여행을 하면서 자신이 원하는 대로 일하고 여행도 한다. 또한 동남아시아는 저렴한 물가와 임대가 가능하여 의식주가 저렴하게 해결할 수 있다. 실리콘밸리의 높은 주거 렌트 비용으로 고통을 받지 않지 않는 새로운 방법이 되기도 했다.

■ 자동차 여행으로 떨어져 이동한다.

유럽 여행을 한다면 대한민국에서 유럽까지 비행기를 통해 이동하게 된다. 유럽 내에서는 기차와 버스를 이용해 여행 도시로 이동하는 경우가 대부분이었지만 공항에서 차량을 렌트하여 도시와 도시를 이동하면서 여행하는 것이 더 안전하게 된다.

자동차여행은 쉽게 어디로든 이동할 수 있고 렌터카 비용도 기차보다 저렴하다. 기간이 길면 길수록, 3인 이상일수록 렌터카 비용은 저렴해져 기차나 버스보다 교통비용이 저렴해진다. 가족여행이나 친구간의 여행은 자동차로 여행하는 것이 더 저렴하고 안전하다.

■ 소도시 여행

여행이 귀한 시절에는 유럽 여행을 떠나면 언제 다시 유럽으로 올지 모르기 때문에 한 번에 유럽 전체를 한 달 이상의 기간으로 떠나 여행루트도 촘촘하게 만들고 비용도 저렴하도록 숙소도 호스텔에서 지내는 것이 일반적이었다. 하지만 여행을 떠나는 빈도가 늘어나면서 유럽을 한 번만 여행하고 모든 것을 다 보고 오겠다는 생각은 달라졌다.

최근에 유럽뿐만 아니라 동남아시아에서도 다양한 음식과 문화를 느껴보기 위해 소도시 여행이 활성화되고 있었는데 뉴 노멀New Normal 시대가 시작한다면 사람들은 대도시보다는 소도시 여행을 선호할 것이다. 특히 동남아시아의 치앙마이, 나트랑, 호이안 등은 소도시로 떠나는 여행자가 증가하고 있었다. 그 현상은 앞으로 증가세가 높을 가능성이 있다.

■ 호캉스를 즐긴다.

싱가포르나 동남아시아로 여행을 떠나는 방식도 좋은 호텔이나 리조트로 떠나고 맛있는 음식을 먹고 나이트 라이프를 즐기는 방식으로 달라지고 있었다. 이런 여행을 '호캉스'라 고 부르면서 젊은 여행자들이 짧은 기간 동안 여행지에서 즐기는 방식으로 시작했지만 이 제는 세대에 구분 없이 호캉스를 즐기고 있다.

코로나 바이러스로 인해 많은 관광지를 다 보고 돌아오는 여행이 아닌 가고 싶은 관광지 와 맛좋은 음식도 중요하다. 이와 더불어 숙소에서 잠만 자고 나오는 것이 아닌 많은 것을 즐길 수 있는 호텔이나 리조트에 머무는 시간이 길어졌다. 심지어는 리조트에서만 3~4일 을 머물다가 돌아오기도 한다.

Intro

일본의 나폴리라고 불리우는 가고시마는 1년 내내 햇볕이 잘 들어 따뜻하다. 또한 가고시마 어디에서도 볼 수 있는 사쿠라지마화산은 가고시마에 일본 3대 온천을 주었다. 2013년을 마지막으로 멈추었지만 활화산인 사쿠라지마 화산이 존재하는 도시이다.

일본 규슈로 여행을 간다고 하면 대부분 후쿠오카를 떠올리고 겨울에는 뱃푸, 유후인에서 온천을 즐긴다고 생각한다. 규슈 남단의 가고시마는 일본의 근대화를 이끈 대표적인 도시로 역사적인 도시이다. 물론 그 때문에 대한민국이 엄청난 고난을 겪었기 때문에 가고시마는 우리에게 굴욕의 역사를 안기게 만든 도시이기도 하다. 가고시마에는 일본 3대 온천이 있어서 후쿠오카와 같은 관광지로 성장하고 있는 대표적인 도시에 저가항공인 이스타항공과 제주항공이 취항을 시작하여 관심이 증대되고 있다.

가고시마는 일본 남단의 땅끝 마을로 서양 문명을 가장 먼저 받아들이고 무역으로 성장하였다. 그래서 사이고 다카모리 같은 우수한 인재를 배출하고 막부시대 말기부터 메이지 유신에 걸친 근대 일본의 기초를 구축할 수 있었다.

해외여행을 1박 2일부터 2박 3일, 3박 4일까지 따뜻한 햇살에 여유롭게 해산물을 먹고 카페에서 커피를 즐기고 싶다면, 사람들로 꽉 찬 해수욕장의 부산함을 피해 나만의 해수욕을 하고 싶다면, 아름다운 겨울 바닷가 온천에서 여유롭게 즐기고 싶다면 가고시마로 떠나야 한다. 지속적으로 관심이 증가하고 있는 가고시마는 여행자에게 점점 나아지는 도시의 모습을 보여주고 있다. 아직 여행자들은 후쿠오카에서 오랜 기간 여행을 하는 여행자가 1박2일 정도의 신칸센을 이용한 여행을 하는 아쉬운 여행패턴을 가지고 있지만 점점 가고시마만 여행하는 관광객이 급격하게 늘어나고 있다.

가고시마의 세세한 정보까지 원하는 여행자들을 위해 트래블로그 가고시마는 탄생할 수 있었다. 이 가이드북을 위해 덴몬칸의 레스토랑과 카페에서 먹고 시내를 직접 걸어 다니면서 자료를 찾았고, 가고시마 시민들이 친절하게 도시를 알려주면서 같이 가이드북을 만들 수 있었다.

Contents

■ 가고시마 여행에 꼭 필요한 INFO | 42

■ 가고시마 | 78

ABOUT
가고시마

남규슈의 중심도시

가고시마는 만을 따라 남북으로 길게 뻗어 있는 남 규슈의 도청 소재지이다. 2개의 JR역 중 대표적인 기차역은 남쪽의 니시가고시마(西鹿児島)역이다. 미나미규슈 최고의 번화가로 불리는 덴몬칸도리(天文間通り)는 음식과 쇼핑을 즐길 수 있다. 대표적인 관광지인 이소테이엔은 가고시마의 배경을 이루는 언덕에 있다.

Kagoshima

한눈에 보는 가고시마

가고시마가 위치한 규슈의 남쪽은?

일본 열도를 구성하는 4개의 큰 섬은 홋카이도, 혼슈, 시코쿠, 규슈이다. 위도 상으로 부산 아래에 위치해 있지만 가고시마는 제주도보다도 아래에 위치해 따뜻하다. 화산활동이 활발하여 온천이 많은 것이 특징이다. 일본 남서쪽에 위치한 규슈는 온천과 관광을 한꺼번에 즐길 수 있는 이국적인 풍경을 가진 남쪽의 관광지이다. 규슈 북부의 후쿠오카와 벳푸, 유후인이 대표적인 관광지로 알려져 있지만 규슈 남부의 가고시마에 대한항공뿐만 아니라 저가항공인 제주항공과 이스타항공이 취항하면서 새로운 온천과 관광을 즐길 수 있는 여행지로 소문나고 있다.

▶ **위치** | 규슈 최남단
▶ **면적** | 9,187㎢
▶ **인구** | 170만 명
▶ **연평균 기온** | 19℃

가고시마 개년잡기

남북으로 약 600㎞에 이르는 가고시마는 아름다운 자연과 깨끗한 수질을 자랑하는 온천, 활발한 화산 활동을 보여주는 사쿠라지마를 비롯해 7개의 활화산을 가진 매력적인 관광지이다. 가고시마 근교에는 모래찜질 온천으로 유명한 이부스키, 일본 최초의 국립공원인 기리시마, 세계자연유산으로 등록된 야쿠시마 등 다른 지역에서 보기 힘든 다양한 관광지를 갖고 있다. 연평균 기온이 20도에 이를 정도로 따뜻한 아열대성 기후이기 때문에 장마와 태풍이 오는 시기만 제외하면 1년 내내 여행을 할 수 있는 여행지이다.

가고시마는 미야자키와 함께 규슈 남쪽의 위치해 쉽게 찾아가기 힘든 지역이어서 대부분의 관광객은 후쿠오카를 주로 여행하였다. 하지만 저가항공인 제주항공과 이스타항공이 취항하면서 1시간 30분이면 닿을 수 있는 쉽게 여행할 수 있는 관광지가 되어 관광객은 급격히 늘어나고 있다.

KAGOSHIMA

사쓰마센다이

이치키쿠시키노

가고시마

사쿠라지마

가노야

마쿠라자키

이부스키

긴코초

다네 가시마

야쿠시마

가고시마 사계절

봄
Spring

봄이지만 3월의 가고시마는 겨울이 끝나지 않은 시기로 날씨가 가끔씩 춥기도 하다. 4~5월은 본격적으로 봄이 시작되어 여름으로 넘어가는 시기로 가고시마 여행을 하기 좋다. 봄에는 날씨의 변동이 있다. 농촌에도 씨앗을 뿌리기 위해 준비를 시작한다.

가고시마의 성수기 관광 시기로 맑은 날씨를 자주 만날 수 있기도 하지만 장마 때문에 한동안 장기간 비로 여행하기가 힘든 시기이기도 하다. 지구온난화로 기온은 최고기온이 +38℃까지 올라가기도 한다.

가고시마의 여름 날씨는 대한민국보다 덥고 습한 편이므로 여름의 덥고 습한 날씨가 싫은 여행자는 사전에 이 사실을 알고 여행 시기를 정해야 한다. 현지인이 주말여행으로 인기가 높은 야쿠시마 섬의 트레킹 코스를 걸어 다니기에 좋은 시기이다.

가을
Autumn

가고시마의 10월은 날씨가 쾌청하고 덥지도 않아 가고시마 여행을 가장 하기 좋은 시기이지만 항상 태풍 때문에 날씨의 변동이 심하므로 여행 전에 태풍을 확실히 확인하고 여행을 떠나야 한다. 여름 성수기의 북적이는 관광객을 피하고 싶다면 9~10월의 태풍을 만나지 않는 시기의 여행을 추천한다. 10월은 태풍으로 변수가 있지만 여름 같은 가을에 가장 아름다운 자연을 만끽할 수 있다. 본격적인 이부스키 온천여행의 성수기가 시작된다.

가고시마의 겨울 평균 기온은 9.8°로 춥지 않다. 밤이 길고 어두운 날들이 춥다고 느껴지게 만들기도 하지만 온천여행을 하기에 좋은 시기이다. 겨울에는 더할 나위 없이 이부스키의 모래온천이 몰려드는 관광객으로 절정에 다다른다.

▨ 가슴 아픈 침략의 시작

메이지유신 후에는 조선의 정벌을 하자는 '정한론'이 발생한 도시로 우리에게는 아픈 역사의 시작을 만든 도시이기도 하다. 그런 만큼 각종 메이지유신과 관련한 기념비들을 찾아볼 수 있다.

덴몬칸(天文館)

에도 시대에 사쓰마번의 25대 영주인 시마즈 시게히데가 근처에 천문 관측이나 달력을 연구하는 시설인 메이지칸을 세운 데서 유래되었다. 남규슈 최대의 번화가로 대한민국에서 명동 같은 장소가 덴몬칸(天文館)이다. 한창 번화가로 이름을 높이고 있던 2009년 미쓰코시 백화점이 문을 닫고 나서 덴몬칸은 하락을 하고 있다. 특히 JR 가고시마 중앙역 주변을 개발하면서 더욱 하락세는 공고해지고 있다.

■ 원령공주의 시작

미야자키 하야오의 만화인 '원령 공주'을 보았다면 가고시마에서 페리를 타고 이동하여 실제로 체험할 수 있는 이쿠시마 섬을 갈 수 있다. 일본에서 가장 원시림이 잘 보존되어 주민은 삼림 지대와 트레킹 등의 관광업과 어업에 종사하고 있다. 자주 공기 중의 미세한 수증기가 결빙되어 마치 안개 낀 것처럼 주위가 변해버린다.

활화산인 사쿠라지마

긴코 만을 사이에 두고 가고시마 앞에 솟아 있는 가고시마의 상징 같은 화산이다. 가고시마에서 페리를 타고 15분만 이동하면 지금도 활동 중인 사쿠라지마 화산을 볼 수 있다. 1914년 1월12일에 대폭발로 약 100억 톤의 용암이 흘러나와 바다를 메우면서 육지와 연결되어 반도가 되었다.

가고시마에 관광객이 증가하는 이유

■ 약 1시간 30분 거리에 저가항공의 취항

서울에서 가고시마까지 거리가 도쿄에서 가고시마의 거리보다 가까운 도시이다. 대한민국에서 대한항공만 이용할 수 있는 가고시마는 저렴하게 갈 수 있는 도시는 아니었다. 때문에 저렴한 후쿠오카를 다녀오는 관광객이 대단히 많았다. 그런데 2017년 10월 이스타항공, 2018년 1월 제주항공이 취항하면서 후쿠오카처럼 저렴하게 다녀올 수 있는 도시가 되었다.

■ 모래온천과 파도소리의 환상적인 만남

후쿠오카의 장점으로 가까이 있는 벳푸, 유후인의 온천을 쉽게 이용할 수 있는 점이다. 그런데 많은 관광객으로 편안한 온천을 즐기기는 쉽지 않다. 가고시마의 남부에 있는 이부스키 바닷가에서 모래찜질처럼 즐기는 온천찜질이 최초로 시작된 곳이다. 바닷가에 흐르고 있는 온천수가 모래를 데우면서 모래찜질을 하면서 잔잔하게 들려오는 파도소리는 절로 힐링이 되는 천국 같은 장소이다.

메이지유신의 출발

가고시마가 우리에게 다가온 결정적인 계기는 온천이다. 가고시마는 일본의 최남단 도시로 서양 문명을 가장 먼저 접하는 개방된 도시였다. 그러므로 시마즈 번주는 외곽에 있는 조그만 마을이 일본의 근대화를 이루는 첫 계기가 되었고, 아시아와의 무역을 찾아 포르투갈과 스페인이 항구를 이용했다. 일본의 역사를 바꾼 메이지유신이 출발했던 도시를 직접 보면서 역사의 변화를 느껴볼 수 있다.

■ 과거와 미래 역사가 공존

가고시마의 거리를 누비면 가고시마가 이끈 메이지유신과 관련한 인물들이 길가 한편에 동상으로 표현되어 있다. 차량들의 행렬, 따뜻한 공기, 친절한 사람들의 표정 등을 살피다 보면 이곳은 일본인 듯, 일본 아닌, 유럽 같은 가고시마를 실감하게 된다.

▤ 먹고 마시는 즐거움

가고시마는 저렴하지 않다. 물가가 비싼 일본에서 여행경비를 항상 조심하게 된다. 하지만 가고시마는 고구마 소주, 맥주를 비롯해 가이세키 요리, 다양한 맛집이 존재해 오감이 즐거운 여행을 할 수 있다. 또한 시 차원에서 한국인 관광객 유치에 공을 들이고 있다.

가고시마 여행 잘하는 방법

■ 엔화(¥)를 미리 환전하고 출발하자.

가고시마 공항에 도착하면 환전소가 없으므로 환전을 하기가 힘들다. 시내로 이동하려면
버스티켓을 구입해야 하므로 미리 작은 금액(버스 티켓 1,250¥)이라도 환전하고 출발하자.
가고시마 공항은 국내선이 국제선보다 크기 때문에 직원에게 문의를 하려면 국내선으로
이동을 하거나 버스를 타는 2번 정차장으로 이동하면 직원이 있다.

■ 도착하면 빨리 공항버스를 타고 시내로 가자.

가고시마 공항은 국제선이 매우 작다. 어느 도시에 도
착해도 해당 도시의 지도를 얻기 위해 관광안내소를
찾아 정보를 얻는 것이 좋지만 인포메이션 센터 옆의
지도와 관광정보는 무료로 받아 빨리 이동하는 것이
좋은 방법이다.

▨ 포켓 와이파이보다 무제한 데이터를 활용하자.

스마트폰의 필요한 정보를 활용하려면 데이터가 필요하다. 심 카드를 사용하는 방법으로 일본 여행에서 포켓 와이파이를 사용하는 것이 더 저렴하여 주로 이용한다. 통신사의 데이터 무제한 요금은 1일에 약 1만 원이므로 포켓 와이파이보다 비싸다. 1박 2일이나 2박 3일 정도의 가고시마 여행은 통신사의 무제한 데이터 요금도 데이터 사용량에 따라 비용을 내는 방법으로 바뀌었기 때문에 비용의 차이는 많지 않다.

가고시마에서 이부스키를 갈 때 렌트카를 이용하려면 무제한 데이터로 네비게이션을 사용하는 것이 더 저렴하다. 렌트카를 이용하려면 포켓와이파이로 구글의 지도로 네비게이션을 사용하기는 힘들다.

■ 가고시마는 작은 도시로 대부분 걸어서 관광지의 이동이 가능하다.

가고시마는 중앙역과 덴몬칸에 관광지가 몰려 있다. 중앙역에서 덴몬칸까지 걸어서 약 20~30분정도면 도착할 수 있다. 가오시마 시내의 주요관광지를 돌아보는 데 하루면 충분히 볼 수 있다.

■ 버스에 대한 간단한 정보를 갖고 출발하자.

현지인들이 버스와 노면전차를 많이 이용하는 중요한 시내교통수단이다. 중앙역에서 사쿠라지마를 가기 위해 페리를 타려고 이동하려면 버스를 이용하는 것이 편리하다. 버스는 대개 뒷문으로 탑승하여 내릴 때 앞문으로 내리면서 버스비를 동전으로 내기 때문에 미리 버스비를 준비하여 탑승하는 것이 좋다.

승차 방법 : 뒷문 승차 → 내릴 때 동전으로 내고 → 앞문 하차

■ '관광지 한 곳만 더 보자는 생각'은 금물

가고시마는 이제 쉽게 갈 수 있는 해외여행지가 되었다. 물론 사람마다 생각이 다르겠지만 평생 한번만 갈 수 있다는 생각을 하지 말고 여유롭게 관광지를 보는 것이 좋다. 가고시마는 작은 도시이기 때문에 힘들게 돌아다니지 않아도 관광지를 다 볼 수 있다. 그래도 관광지를 사정 때문에 못 본다고 해도 실망하지 말자.

한 곳을 더 본다고 여행이 만족스럽지 않다. 자신에게 주어진 휴가기간 만큼 행복한 여행이 되도록 여유롭게 여행하는 것이 좋다. 서둘러 보다가 지갑도 잃어버리고 여권도 잃어버리기 쉽다. 한 곳을 덜 보겠다는 심정으로 여행한다면 오히려 더 여유롭게 여행을 하고 만족도도 더 높을 것이다.

■ 아는 만큼 보이고 준비한 만큼 만족도가 높다.

일본으로 여행하는 이유로 맛집과 온천이 중요하다. 하지만 가고시마는 일본의 근대화를 이끈 메이지유신이 시작된 역사적인 도시이다. 2018년에는 메이지유신 150주년을 기념하는 각종 이벤트를 한다. 가고시마의 관광지는 조선이 망하고 일제강점기로 빠지는 역사와 관련이 있으므로 대한민국의 역사와도 긴밀하다. 그런데 아무런 정보 없이 본다면 재미도 없고 본 관광지는 아무 의미 없는 장소가 되기 쉽다.

절대 보지 말아야 할 박물관

절대 보지 말아야 할 '가미가제'박물관도 있으므로 모르고 입장하는 일이 없어야 한다.
1박 2일이어도 역사와 관련한 정보는 습득하고 가고시마 여행을 떠나는 것이 준비도 하게 되고 아는 만큼 만족도가 높은 여행지가 가고시마이다.

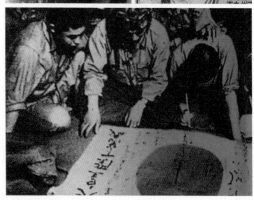

■ 에티켓을 지키는 여행으로 현지인과의 마찰을 줄이자.

가고시마 시민들은 메이지유신으로 일본의 근대화를 이끌었다는 자부심이 강한 도시이다. 현지에 대한 에티켓을 지키지 않든지 몰라서 대한민국에 대한 인식이 좋지 않은 행동은 삼가하자.

■ 온천 관광지인 이부스키는 기차보다는 렌트가 편리하다.

가고시마여행의 중요한 이유가 온천이다. 온천수가 바다로 흐르면서 모래찜질로 파도소리를 들으며 온천을 즐기고 노천탕에서 힐링도 할 수 있다. 그런데 가고시마에서 이부스키는 기차로 이동하려면 기차의 편수가 1시간에 1대 정도밖에 없다. 그래서 이부스키의 온천만 즐기고 오는 경우가 많지만 렌트를 이용하면 이부스키의 가이몬다케까지 다 보고 올 수 있다.

■ 야쿠시마는 고속페리로 이동하는 것이 가장 좋다.

원시림과 청정수가 어우러진 아름다운 야쿠시마는 5~10월이 가장 둘러보기에 좋은 관광지이다. 섬인 야쿠시마는 미야자키 하야오의 만화영화인 '원령공주'의 배경지로 유명하다. 당일여행을 하려면 아침 일찍 출발해야 돌아오는 데에 문제가 발생하지 않는다. 주말보다는 평일이 관광객이 적어서 야쿠시마 섬 여행에 편리할 것이다. 고속페리는 하루에 8편, 페리는 1회 운항하고 있다.

가고시마 여행에서 알면 좋은 지식

유카타(俗衣)

유카타는 집에서 편하게 쉴 때나 축제 때 즐겨 있는 기모노의 일종으로 목욕 후에 입기도 하고 잠옷으로 사용하기도 하는 옷으로 지금은 실내에서 입는 옷으로 변화하였다. 료칸으로 깨끗하게 세탁한 순면의 유카타가 준비되어 있다. 추울 때에 그 위에 탄젠(丹前)이라고 하는 약간 두꺼운 상의를 입어 외출복장으로 사용하기도 한다. 온천지역의 여관에서는 유카타 복장으로 저녁 식사를 하거나 건물 밖을 산책하는 모습을 볼 수 있다. 하지만 기본적으로 외부로 나갈 때는 탄젠을 착용하는 것이 올바른 사용법으로 알고 있으면 된다.

유카타 입는 방법

오른쪽 옷 끝자락을 몸에 감싸고 왼쪽 옷 끝자락이 위로 오게 입고 나서 띠로 허리를 묶어 매듭은 몸의 옆이나 뒤로 오도록 한다.

료칸(族館)

일본의 전통적인 숙박시설로 온천이 같이 있는 전통가옥 형태의 숙소이다. 단순한 숙소가 아니라 일본의 문화와 정서, 서비스를 체험할 수 있는 독립적인 형태의 숙박공간을 말한다. 객실은 전통적인 다다미 형태의 화실과 침대를 갖추고 개인 욕실을 비롯해 대욕탕이나 노천온천, 가족탕 등을 갖추고 있다.

료칸(族館)에 오면 주인(오카미상)이 환영인사로 반겨주고 객실로 이동해 온천 사용에 대해 알려준다. 아침과 저녁을 전통 상차림인 가이세키(今度料理) 요리가 제공되는 것이 특징이다.

가이세키 요리(今度料理)

가이세키 요리는 작은 그릇에 다양한 음식이 순차적으로 담겨 나오는 일본의 연회 코스요리로 한정식이 순차적으로 나오는 요리가 일본화되었다고 생각하면 된다. 가이세키 요리(会席料理)는 17~19세기의 에도시대(江戸時代)에 웃기려고 하는 소리나 농담, 한두 사람 이상이 일본 고유의 정형시인 와카(和歌)의 연회장인 '가이세키(会席)'에서 제공되던 요리를 부르던 단어에서 유래되었다. 1692년에 처음 등장해 초기에는 연회에서 술과 함께 먹는 요리였지만 시간이 지남에 따라 호사로운 잔치 요리로 바뀌었다.

술과, 사시미, 생선조림이나 생선구이, 튀김, 밥, 국, 반찬, 후식으로 이루어져 있다. 료칸의 저녁상으로 흔히 나오는데 치쥬산사이(一汁三菜, 국, 사시미, 구이, 조림으로 구성된 상차림)를 기본으로 한다. 오토오시(お通し, 기본 요리에 앞서 나오는 간단한 안주), 튀김, 찜, 무침, 스노모노(酢の物, 식초로 양념한 요리) 등의 슈코우(酒肴, 술 안주)가 더해지고 마무리로는 밥, 국, 쓰케모노(漬物, 채소를 절임한 저장 음식), 과일 등이 제공된다.
가이세키(会席) 요리는 흔히 발음이 같은 가이세키(懐石)와 혼동하기 쉬운데, 가이세키(懐石)는 다도에서 제공되는 가벼운 식사를 의미한다.

메이지 유신 대표적인 3인
사이고 타카모리(西郷隆盛銅像), 오쿠보 도시미치((大久保利通), 기도 다카요시(木戸高孝)를 말한다. 3명으로 대표되는 신흥 세력에 의해 서양의 문물을 받아들인 일본은 동아시아의 강국으로 성장하게 된다. 이와쿠라 토모미는 그 중에서 최강의 흑막. 물론 그 배후에는 또 조슈 번의 요시다 쇼인이 있었고, 그의 제자들이 에도 막부를 타도하고 개국을 추진하게 되니 가장 큰 공로자는 요시다 쇼인이라고 볼 수도 있다.

서남전쟁(西南戦争)
일본에서 메이지유신이 시작된 이후 사가 번 → 히고(구마모토) 번 → 아키쓰키 번 → 조슈 번 순으로의 사족(귀족) 반란이 들이닥쳤다. 그 이후로 사이고 다카모리가 주장한 정한론이 무산되자 단발령+폐도령에 항거한 사쓰마 번 무사들은 특권 계급의 지위를 유지하기 위해 사이고 다카모리를 중심으로 뭉쳤고, 이들이 일으킨 반란이 바로 서남전쟁이다. 일본의 마지막 내전이라고 알려져 있다.

K·A·G·O·S·H·I·M·A

가고시마
여행에
꼭필요한
INFO

가고시마의 역사

가고시마의 역사는 번주인 시마즈(島津家)라는 한 가문에 의해 좌우되었다. 시마즈(島津家) 가문은 메이지 유신이 일어날 때까지 약 700년 29대에 걸쳐 가고시마를 통치했다. '사츠마'로 알려진 가고시마의 옛 이름인 '사츠마현' 지역은 외부와의 접촉이 자주 일어났다.

1549년
스페인의 선교사인 성 프란시스 자비에르는 선교를 목적으로 가고시마에 처음으로 도착하여 가고시마는 일본이 기독교와 서양 세계를 처음으로 접한 곳이다.

16~18세기
점차 시마즈(島津家) 가문의 관심은 무역이외에도 생겨났다. 규슈를 통치하는 세력으로 성장하면서 오키나와까지 점령하여 지나친 억압 정책으로 오키나와 주민들은 지금까지도 본토인을 경계하는 계기가 되었다. 토쿠가와 막부가 서양의 산업화를 따라갈 수 없는 세력이라는 것을 판단한 시마즈(島津家) 가문은 독자적으로 서양화를 시작하게 된다.

19세기
1850년 일본 최초의 서양식 공장을 세우고 1865년에는 독자적으로 몰래 12명의 젊은 인재를 영국으로 보내 서양 기술을 공부시켰다. 그리하여 '하기'의 모리(毛利家)가문과 함께 시마즈(島津家) 가문은 메이지 유신을 일으키는 주도적인 세력이 되었다.

가고시마 여행에서 꼭 알아두어야 할 인물

사이고 다카모리
네모난 얼굴과 엄청나게 큰 몸집으로 멀리서도 쉽게 알아볼 수 있을 정도였다고 전해진다.
1868년 메이지 유신에서 주도적인 역할을 했지만 1877년에 갑자기 마음을 바꾸었다. 아마
도 사무라이의 힘과 지위를 박탈한 것이 지나쳤다고 판단했다고 전해진다. 그리하여 불행
하게 끝난 세이난(西南)반란을 일으켰다. 구마모토의 성을 중심으로 반란을 일으켰지만 역
사의 흐름을 바꿀 수는 없었다. 패배가 불가피해지자 사이고 다카모르는 가고시마로 후퇴
하여 할복하여 자결하였다.

메이지 유신의 영웅이자 악당으로 복합적인 이미지를 일본 내에 가지고 있지만 사이고 다
카모르는 아직도 일본 역사에서 중요한 위치를 가진 인물로 평가받는다. 사이고 상의 홀리
그램을 상영할 정도로 가고시마에서는 위인으로 평가받고 있다.

쇼핑

일본 여행에서 이온 몰과 돈키호테는 꼭 들르는 쇼핑 장소이다. 두 곳의 가격을 비교해 쇼핑을 하는 것이 저렴하게 구입할 수 있다.

이온(Aeon)

이온몰은 쇼핑몰같은 느낌이어서 돈키호테보다 쾌적한 쇼핑이 가능하다. 이온몰은 상당히 큰 곳에 넓은 장소에서 쇼핑이 가능하다. 카베진같은 소모품은 가격차이가 없지만 화장품은 대부분 돈키호테가 저렴하기 때문에 시간을 구분해 쇼핑을 하는 것이 좋다.

돈키호테(ドンキホーテ)

일본에서 쇼핑을 한다면 몰라서는 안 되는 곳이다. 24시간 오픈하는 드러그스토어로 관광객의 필수요소이다. 특히 저녁을 먹고 나서 쇼핑을 즐기러 온 관광객으로 북적이기 때문에 쇼핑은 한밤이나 오전이 한가하다.

편의점

로손(Lawson)

일본의 2번째로 큰 편의점으로 카페 스위츠의 디저트 브랜드인 '우치'가 인기가 많다. 모찌롤이 녹차, 초콜릿 맛으로 마니아층을 가지고 있다.

세븐일레븐(7-Eleven)

일본에서 가장 큰 편의점으로 베이커리부분의 옥수수빵이 마니아층을 가지고 있다.

마트 아이템

곤약젤리

NO 1 젤리로 복숭아맛, 포도
맛, 귤 맛등이 있다. 마트마
다 가격이 다르기 때문에 가
격을 확인하고 구입한다. '파
우치형'만 반입이 가능하다.

킷캣 녹차

NO 1 초콜릿으로 바삭바삭
한 과자가 들어있어 녹차 맛
이 나지만 누구나 좋아하는
맛이다. 녹차맛 외에도 할로
윈 한정이나, 일본주, 와인
등의 맛도 있다.

인절미 과자

인절미 맛이 나는 과자로 아
이들이 좋아한다. 부피가 조
금 크기도 하지만 한번 빠지
면 헤어나올 수 없는 맛이다.

호로요이

인기 과일맛 알콜 음료도 단
맛이 나지만 심하지 않아 여
성들이 특히 좋아한다. 복숭
아, 딸기, 레몬, 사과맛 등이
있는데 복숭아 맛이 가장 인
기가 높다.

UFO 라면

간편하게 즐기는 일본의 인
기 컵라면이다. 쫄깃한 면발
과 생생한 채소의 식감을 즐
길 수 있다.

키리모찌

구워 먹는 떡으로 가래떡을
구워먹을 수 있어 인기가
높다.

시세이도 퍼펙트 휩(Perfect Whip)

클렌징 폼으로 400¥대의 높은 가성비의 제품
으로 조금만 사용해도 거품이 풍부히 난다.

드러그 스토어 아이템

휴족시간(休足時間)
다리에 피로가 느껴질 때 사용하면 좋다. 여행을 마치고 숙소에 돌아와 붙이면 다리의 피로가 절로 풀린다.

동전파스(ROIHI-TSUBOKO)
동전모양으로 생긴 파스로 아픈 부위에 붙이면 즉시 열이 난다. 부모님께 사드리는 효도선물 중의 하나이다.

사카무케아(サカムケア)
상처에 바르는 액체 반창고로 베인 부분과 갈라진 부위에 발라주는 메니큐어 형태의 반창고인데 방수가 된다는 점이 특징이다.

오타이산(太田胃散)
일본의 국민 소화제로 불리우는 가루형태의 소화제로 과식, 속쓰림 증상에 1회분씩 포장된 제품에 복용하면 된다.

샤론파스(サロンパス)
일본의 국민파스로 명함정도의 크기에 140매 정도가 들어있다. 작은 지퍼백이 있어 휴대가 간편하다.

호빵맨 모기패치(ムヒパッチ)
여름철 여행에 필수 아이템으로 모기에 물린 부위에 붙이면 간지러움이 사라지고 부기도 가라앉아 아이들에게 특히 유용하다.

카베진(キャベジン)
일본의 국민 위장약으로 양배추 성분으로 위를 튼튼하게 하면서 소화를 도와준다. 우리나라에도 판매되지만 비싸다.

메구리즘(めぐリズム)
눈의 회복을 돕는 온열 마스크로 하루의 눈 피로를 풀기에 좋은 인기 아이템이다.

About 스시(すし)

일본의 스시(すし)는 현재 세계적인 고급음식으로 평가받고 있다. 소금, 식초, 설탕을 가지고 밥에 간을 하고 얇게 자른 생선, 김, 계란 등을 얹어서 손으로 누르면 만들어진다. 우리는 초밥이라고 부르는 일본의 스시(すし), 본고장에서 먹는 스시도 알고 먹으면 더 맛있어진다.

연어(さけ)

정어리(いわし)

광어(ひらめ)

도미(たい)

장어(うなぎ)

문어(たこ)

연어알(いくら)

성게알(うに)

참치(マグロ)

가고시마의 명물 & 특산품

매일 아침 역 앞을 지나가는 아사이치, 직접 만든 소주와 명주천 등 예로부터 가고시마에 전해오는 전통과 이를 지켜오는 사람들을 만날 수 있다.

소주
가고시마의 특산품인 고구마를 원료로 만든 소주로 얼음을 넣거나 뜨겁거나 찬물로 섞어서 마신다. 아마미 군도에서는 사탕수수로 만든 흑설탕을 원료로 한 소주로 있다고 한다.

쓰보바타케 | 苿畑
사카모토 양조로 긴코만 바닷가에 자리한 후쿠야마 지방의 흑식초이다. 흑식초의 제조방법과 옛 모습 그대로 견학을 할 수 있고 시음과 제품도 구입할 수 있다.

흑소, 흑돼지

가고시마현은 축산업으로 유명한데 가고시마에 간 관광객이 가장 많이 찾는 것이 흑돼지제품이다. 제주도의 흑돼지가 유명한 것처럼 흑소와 흑돼지는 가고시마의 고유브랜드로 지정되어 다른 곳에서는 찾아볼 수 없다.

돈코쓰

돼지갈비를 생강, 흑설탕, 무, 곤약 등의 재료와 된장을 넣어 2~3시간을 끓인 돼지뼈 요리로 가고시마 중앙역 니시긴자 거리 입구에서 맛볼 수 있다.

사쓰마아게 어묵

신선한 생선을 원료로 두부와 소주를 섞어 튀기면 새로운 맛이 탄생하여 가고시마 어묵은 다른 지역의 맛과 다르다.

기비나고

멸치과에 속하는 길이 7~8m의 기비나고는 따뜻한 바다에 사는데 특히 가고시마 근해에서 많이 잡힌다. 등뼈를 떼어내고 회로 된장이나 간장에 찍어 먹거나 튀겨서 먹는데 초고추장에 찍어 먹어도 맛있다.

사쓰마 기리코

청, 홍, 남, 녹, 자색의 유리공예로 에도시대부터 제작되기 시작하였지만 오래시간 중단 상태에 있었다. 120년의 중단을 극복하고 가고시마의 고유 기술의 공예로 부활해 직접 체험할 수 있기도 하다.

야쿠스기

야쿠시마의 삼나무는 오래전부터 지붕이나 벽에 사용되어 왔지만, 지금은 벌채가 금지되어 장식용 항아리, 선반, 테이블 등의 공예품으로 만들어지고 있다. 표면의 작은 나뭇결과 광택, 향기를 살리는 기술이 필요하다.

사쓰마야키 도자기

임진왜란을 통해 전래된 400년의 역사를 자랑하는 가고시마의 도자기는 흑색과 백색으로 분류된다. 소박하면서 중후하고 멋진 무늬가 특징인데 포르투갈을 통해 유럽으로 판매되면서 일본을 알리는 계기가 되었다.

일본 우동과 라멘

우동

우리나라에서도 여행을 갈 때 휴게소에서 한번쯤은 먹는 것이 우동이다. 하지만 그 맛은 대단히 불량하다. 우동은 탱탱한 면이 입으로 올라가면서 "후루룩"소리를 내면서 먹게 된다. 소리를 내지 않고 먹어야 예의라고 배운 우리에게 우동은 후루룩 소리는 필수적으로 내게 되는 음식이다. 그래서 일본의 우동 맛집은 후루룩 소리가 끊임없이 요란하게 들리는 곳이면 의심하지 말고 맛집이라고 생각하면 된다.

우동은 밀가루, 소금, 물로 만든 반죽을 손으로 치대면서 숙성시키고 면의 굵기와 모양에 따라 식감이 달라지고 국물과 고명에 따라 달라지는 맛으로 일본 여행에서 빼놓고 먹을 수 없다. 우동 위에 얹은 유부, 고기, 파, 튀김 등에 따라서도 맛이 달라지고 각 식당마다 자부심을 가지고 만드는 음식이다.

바삭한 우엉 튀김을 얹은 고보텐 우동, 납작한 어묵 하나를 덮은 마루텐 우동이 기본 음식이다. 국물은 다시마와 말린 멸치, 해산물이 우려져 깔끔한 맛이 나와 마시면 개운한 느낌을 가지게 된다. 면은 정사각형 모양이지만 칼국수처럼 매끈한 면과 탄력이 넘치는 시코쿠 지방의 사누키 우동 같은 특징을 가지고 일본의 각 지방마다 특징적인 우동을 가지고 있다.

우동은 어디서 발생한 음식일까? 우동은 후쿠오카에서 1214년, 에도시대에 쇼이치 국사가 송나라에서 돌아오는 길에 우동과 소바를 만드는 기술을 가지고 와 전파가 되었다고 한다. 쇼이치 국사는 중국의 국수를 가지고 와 승려와 상류층만 먹을 수 있는 음식으로 전해지다가 에도시대에 중기 이후부터 널리 전파되기 시작했다고 한다.

라멘

중국의 납작한 면에서 왔다는 '라
멘'은 메이지 유신 이후 일본이
개항하면서 나타났다. 중국인들
이 노점에서 납면을 만들어 판 밀
가루 반죽은 손으로 가늘게 늘려
면을 뽑아 만드는 수타면 음식으
로 시작되었다고 알려져 있다.
1958년 닛신 식품이 튀겨서 만든
치킨라멘이 판매되면서 '라멘'이라
는 이름으로 고정되어 지금은 일본을
대표하는 국민 면에 이르게 되었다.

면과 국물, 국물 위에 얹는 고명으로 라
멘은 지역과 식당마다 다양한 종류로
맛집이 생겨나고 있다. 일본은 라멘국
가라고 할 수 있을 정도로 라멘의 종류
가 다양하다. 된장으로 맛을 내는 미소
라멘, 간장을 넣어 만드는 쇼유라멘, 소
금으로 깔끔한 맛을 내는 시오라멘, 돼
지 뼈로 고아낸 육수가 특징인 돈코츠
라멘이 있다.

돈코츠 라멘은 후쿠오카에서 만들어진
라멘으로 국물이 우리나라의 돼지고기
국밥에서 나오는 맛과 거의 비슷하다.
부산의 돼지국밥과도 비슷한 맛이다.
우리가 인스턴트 라면에 익숙해져 있어
서 일본 라멘의 진한 국물 맛 때문에 일
본 라멘을 싫어하는 사람도 있다. 하지
만 부산의 돼지국밥 맛을 좋아한다면
일본의 라멘 맛도 좋아할 것이다.

가고시마에는 한국인의 관광이 늘어남
에 따라 식당에서 한국인을 위한 김치
라멘도 만들어질 정도로 대한민국 관광
객을 위한 라멘도 판매되고 있다.

고수의 쇼핑 잘하기

1. 한국에도 판매한다며 쇼핑하다가 가격을 계산하다 그냥 돌아와서 속이 쓰릴 수도 있다. 글로벌한 시대에 대한민국에서도 일본에서 본 상품은 대부분 구입할 수 있다. 하지만 가격은 2배 이상은 넘기 때문에 비싸지 않은 상품은 그냥 구입하는 것이 낫다.

2. 가고시마를 여행하기 전에 대략적인 쇼핑 리스트는 블로그에서 찾아서 오는 게 바람직하다. 너무 많은 리스트는 필요 없지만 필요한 상품을 알고 온다면 알뜰한 쇼핑이 가능하다. 이것저것 같이 여행 온 사람들이 산다고 사지 않는 것이 좋다. 그렇게 많이 사가도 대부분이 쓸모없이 남아있어 결국 비싸게 구입한 결과가 생겨난다.

3. 똑같은 일본상품을 어디서 사느냐에 따라 가격이 다르다. 한 가지 상품 아이템을 대량 구매할 생각이라면 밸류마트나 티아라몰, 면세점을 돌아다니며 가격을 비교한 후에 사는 것이 좋다. 하지만 대부분은 많이 살 게 아니라면 굳이 시간과 발품을 팔아가며 비교한 후에 사기보다 가까운 마트나 면세점에서 구입하는 것이 낫다.

4. 부모님 선물은 동전파스만한 것이 없다. 혈자리에 붙이기만 해도 피로가 풀리기 때문에 어르신용 선물로 좋다. 여행 중 힘든 당신의 다리를 풀어주는 제품은 휴족시간으로 매우 좋은 효과를 낸다.

가고시마 여행 밑그림 그리기

우리는 여행으로 새로운 준비를 하거나 일탈을 꿈꾸기도 한다. 여행이 일반화되기도 했지만 아직도 여행을 두려워하는 분들이 많다. 가고시마 여행자가 급증하고 있다. 그러나 어떻게 여행을 해야 할지부터 걱정을 하게 된다. 아직 정확한 자료가 부족하기 때문이다. 지금부터 가고시마 여행을 쉽게 한눈에 정리하는 방법을 알아보자. 가고시마 여행준비는 절대 어렵지 않다. 단지 귀찮아 하지만 않으면 된다. 평소에 원하는 가고시마 여행을 가기로 결정했다면, 준비를 꼼꼼하게 하는 것이 중요하다.

일단 관심이 있는 사항을 적고 일정을 짜야 한다. 처음 해외여행을 떠난다면 가고시마 여행도 어떻게 준비할지 몰라 당황하게 된다. 먼저 어떻게 여행을 할지부터 결정해야 한다. 가고시마 여행은 1박 2일, 2박 3일, 3박 4일 여행이 가장 일반적이다. 해외여행이라고 이것저것 많은 것을 보려고 하는 데 힘만 들고 남는 게 없는 여행이 될 수도 있으니 욕심을 버리고 준비하는 게 좋다. 여행은 보는 것도 중요하지만 같이 가는 여행의 일원과 같이 잊지 못할 추억을 만드는 것이 더 중요하다.

다음을 보고 전체적인 여행의 밑그림을 그려보자.

1	패키지여행? 자유여행? (여행의 형태 결정)	7	얼마나 쓸까? 리스트 작성! (여행경비 산출하기)
2	나의 가능한 여행기간, 비용은? (여행 기간 & 예산 짜기)	8	일본어를 알면 편리한데? (간단한 일본어 익히기)
3	가고시마 여행? 항공권부터 알아보자. (항공권티켓 /성수기여행은 빨리 구입)	9	엔화? (환전하기)
4	숙박부터 알아보자! (숙소의 예약가능 확인)	10	왜 이리 필요한 게 많지? (여행가방싸기)
5	보고 싶고 먹고 싶은 게 많아요? (여행지 정보 수집)	11	11. 인천공항으로 이동
6	단기여행인 가고시마 꼼꼼한 일정은 필수! (여행 일정 짜기)	12	12. 드디어 여행지로 출발!

결정을 했으면 일단 항공권을 구하는 것이 가장 중요하다. 전체 여행경비에서 항공료와 숙박이 차지하는 비중이 가장 크지만 너무 몰라서 낭패를 보는 경우가 많다. 평일이 저렴하고 주말은 비쌀 수밖에 없다. 저가항공인 제주항공과 이스타항공부터 확인하면 항공료, 숙박, 현지경비 등 편리하게 확인이 가능하다.

패키지여행이 좋을까요? 자유여행이 좋을까요?

처음으로 가고시마를 여행한다면 대부분 패키지여행을 선호한다. 왜냐하면 "뭐 볼 게 있겠어?"라고 말하며 패키지로 쉽게 다녀오려고 한다. 하지만 가고시마의 매력에 빠져들면 자유여행을 선호하게 된다. 게다가 해외여행이지만 가고시마여행의 비용이 저렴하여 자유여행으로 다녀오려고 하는 경우가 많다. 그런데 가파르게 늘어나는 여행자가 많아지면서 여행의 형태도 달라지고 있다. 처음부터 당일치기나 1박 2일로 자유여행을 즐기는 관광객의 수가 더 늘어나고 있다.

편안하게 다녀오고 싶다면 패키지여행
숙소에 가이드까지 같이 가는 패키지여행은 여행의 준비가 필요없이 편안하게 다녀오면 되기 때문에 효도관광이나 동호회에서 패키지를 주로 선호한다. 가이드는 일정과 숙소까지 다 안내해 준다.

연인끼리, 친구끼리 가족여행은 자유여행
당일치기로 데이트여행을 오는 연인의 여행은 패키지여행은 어울리지 않는다. 여행지에서 원하는 것이 바뀌고 여유롭게 이동하며 보고 싶은 것을 마음대로 보고 맛집을 찾아가는 연인의 여행은 단연 자유여행이 제격이다. 친구끼리 맛집투어, 가족끼리 해수욕장과 온천을 천천히 즐기려면 자유여행을 다녀오는 것이 더 만족감이 크다.

가고시마 현지 여행 물가

가고시마 여행에서 큰 비중을 차지하는 것은 항공료와 숙박비다. 대한항공만 취항했을 때는 항공료가 비싸 관광객이 적었지만 2017년 11월부터 이스타항공, 2018년 1월에 제주항공이 취항하면서 10만원 대 정도면 다녀올 수 있게 되면서 관광객이 급증하고 있다. 하루 숙박시 1인당 4,500~7,000엔 (4만5천~13만 원)이다.

한 방에 4명이 잔다고 해도 철저히 인원수대로 숙박료를 내야 한다. 일정에 따라 숙박비와 중식 그리고 기타 비용만 더하면 된다. 경비를 아끼려면 식사는 저렴한 도시락으로 해결하는 것이 좋다. 가고시마 여행의 여행경비가 얼마인지 기본경비를 산출해 보자.

구분	세부품목	1박 2일	2박 3일	3박 4일
왕복항공료	저가항공, 유류할증료	99,000~280,000		
숙박비	호텔, YHA, 민박	45,000~150,000원	150,000~300,000원	200,000~500,000원
식사비	한 끼	15,000~40,000원	30,000~60,000원	50,000~100,000원
교통비	버스, 노면전차, 열차, 렌트	30,000~82,000원		
입장료	입욕료, 각종 입장료	10,000원~	20,000원~	30,000원~
		199,000원~	299,000원~	380,000원~

가고시마 숙소에 대한 이해

가고시마여행에 대해 가장 질문이 많은 내용이 숙소에 대한 것이다. 대부분 가고시마 여행이 처음이기 때문에 숙소예약이 의외로 쉽지 않다. 숙소를 예약하는데 가장 큰 문제는 숙박비이다. 가고시마 숙소의 전체적인 이해가 필요하다.

해외여행을 한다면 먼저 항공권을 알아보고 도시간 이동하는 교통수단을 알아보고 숙소를 예약하지만 가고시마여행에서는 반드시 숙박부터 확인하고 항공권을 알아봐야 한다. 그렇지 않으면 페리의 왕복 항공권은 저렴하지만 숙소 때문에 비싼 여행을 할 수도 있다. 호텔은 반드시 룸 내부의 사진을 확인해야 한다. 도마인Dormy-inn인 호텔은 저렴하고 시설이 좋아 인기가 높다. 이즈하라 시내에 있어 여행하기에도 편리하다.

▶숙소 예약 추천 사이트 _부킹닷컴 http://ww w.booking.com/
에어비앤비와 같이 전 세계에서 가장 많이 이용하는 숙박예약 사이트이다.

▶소셜커머스(티몬, 위메프, 쿠팡)
숙박은 물론 렌트카와 여행일정에 따라 페리까지 구입할 수 있어 가고시마를 여행할 때 알고 있으면 유용하다. 소셜의 특징은 기본적으로 저렴한 여행을 할 수 있도록 책정된 가격이다. 그러므로 개인의 자유여행을 패키지형식으로 제공하고 있어 자신에 맞게 선택하면 편리하게 가고시마여행을 할 수 있다.

가고시마 호텔 이용

1. 숙박비용이 저렴하지 않다.
일본의 다른 도시들은 호스텔이나 민숙, 게스트하우스 등도 많지만 가고시마는 숙박자체의 숫자가 적어서 숙박비용이 저렴하지 않다. 호텔도 가격이 대부분 비슷하고 시설도 비슷하다. 미리 숙박비용을 예상하고 여행을 준비하는 것이 마음이 편하다.

2. 방사이즈와 샤워실이 좁다.
호텔의 화장실과 샤워실도 분리시키고 샤워실은 샤워만 하고 바로 나와야 할 정도로 좁은 경우가 대부분이기 때문에 넓은 호텔을 예상하고 간다면 가고시마 호텔은 답답하게 느껴진다. 호텔 방과 샤워실 크기는 기대하지 않는 게 현명하다.

3. 미리 예약해야 원하는 숙박 예약이 가능하다.

일정이 확정되면 호텔부터 예약해야 한다. 성수기에는 숙박 자체의 숫자가 적어서 숙박예약이 가고시마 여행에서 문제를 발생시킬 수 있다. 원하는 호텔은 다른 여행자도 원하는 호텔이기 때문에 미리 예약을 해야 한다. 여행날짜에 임박해 예약하면 원하는 호텔은 없거니와 비싼 값을 치러야 하는 경우도 발생한다.

4. 어린이라고 그냥 입실하면 안 된다.

어린 아이라고 호텔에 있는 침대를 그냥 이용하면 안 된다. 다른 나라의 호텔은 어린아이는 입실이 무료인 경우도 많지만 일본은 어린이도 1명으로 간주하니 미리 예약부터 확인해야 한다. 조식이 포함된 경우라면 더더욱 조심해야 한다.

5. 비수기를 노린다.

당연한 이야기일 수 있지만 성수기에는 호텔의 예약이 어렵고 가격이 올라간다. 가뜩이나 숙박의 개수가 적은 가고시마는 더더욱 성수기의 예약이 어렵다. 경비를 아끼려면 비수기를 이용해 저렴하게 이용해야 한다.

일본 여행에서 알아두어야 할 에티켓

1. 일본은 에티켓이 대단히 중요한 나라이다. 무엇보다 다른 이에게 피해를 주는 것을 싫어한다. 대중교통을 이용할 때나 호텔, 식당 등 사람들이 모이는 공공장소에서도 큰소리로 떠들거나 다른 사람에게 피해를 주는 행동은 하지 않아야 한다.

2. 인물을 촬영할 때는 허락을 받고 찍는 것이 좋다. 대형 쇼핑몰이나 상점 내부에 진열된 소품 등을 허락 없이 찍을 때는 제재를 하는 경우가 많다.

3. 현지 식당을 이용할 때는 과자나 음료수 등을 식당에 들고 들어가지 않아야 한다. 작은 식당도 자부심이 강해서 자신의 카페나 식당에서 제공하지 않는 음식을 반입하는 것은 예의가 아니라고 생각한다.

4. 식당에 들어가서 빈자리가 보인다고 아무 자리나 앉지 말고 기다려야 한다. 식당을 이용하는 인원을 말하면 앉을 자리를 지정해 주고 나면 해당 자리에 앉는 것이 좋다. 그 자리가 싫다면 다른 자리로 바꾸어달라고 이야기하면 된다.

5. 주문을 할 때는 큰 소리로 부르지 말고 서로 눈을 마주쳤을 때를 기다려야 한다. 눈이 마주치는 순간 손을 들고 말하면 되고 2인이 1인 메뉴를 주문하는 것도 실례이다.

6. 식당에 비치된 소스는 국자나 숟가락을 이용해 자신의 접시에 덜어서 먹는 것이 또한 예의이다.

7. 일본 버스는 우리나라와 반대로 뒷문으로 승차해 앞문으로 내린다. 버스에서 내릴 때 버스가 정차한 후에 자리에서 일어나 내리는 것이 일반적이다. 승객이 완전히 내릴 때까지 기다리기 때문에 우리나라처럼 급하게 내려야 할 필요가 없다.

가고시마 여행 계획 짜기

1. 주말 or 주중

가고시마여행도 일반적인 여행처럼 비수기와 성수기가 있고 요금도 차이가 난다. 주말과 주중 요금도 차이가 있다. 보통 주중은 일·월·화·수·목을, 주말은 금·토·일을 뜻한다. 비수기나 주중에는 할인혜택이 있어 저렴한 비용으로 조용하고 쾌적한 여행을 할 수 있다.

주말과 국경일을 비롯해 여름 성수기에는 항상 사람들로 붐빈다. 황금연휴나 여름 휴가철 성수기에는 몇 달 전부터 항공권이 매진되는 경우가 많다.

성수기에는 많은 관광객으로 인해 입국수속 시간도 오래 걸려 불편하다. 여행 물가도 할증이 붙어 비싸다. 많은 대한민국 사람들이 주말과 국경일을 비롯해 성수기에 가고시마 여행을 즐기러 가기에 가고시마 여행이 저렴하다는 이야기는 잘못된 이야기가 되고 만다. 당연히 시간을 내기에는 주중이 편하지만, 휴가를 내지 않는 한 직장인에겐 어쩔 수 없다.

2. 여행기간

가고시마 여행을 안 했다면 "가고시마는 작은 도시인데 1박 2일이면 충분하지?"라는 말을 한다. "아니면 2박 3일이면 다 둘러보지?"라는 말로 가고시마여행을 쉽게 생각한다. 그런데 일반적인 여행이 아닌 "가고시마를 깊숙이 보고 싶다면? 온천을 하려고 오랜 시간을 가

고시마로 가고 싶다면?"이라는 생각을 못할 수 있다. 하지만 지금 가고시마여행에서 많이 하는 여행은 바로 이것이다.

가고시마 자전거여행은 대부분 2박 3일 일정이다. 그런데 가고시마의 깊숙한 면까지 둘러보고 보고 싶다면 5~6일은 필요하다. 아쉽지만 2박 3일로는 일부 지역만 돌아볼 수 있다.

3. 숙박

가고시마의 여행을 계획한다고 할 때 다른 여행과 가장 다른 점은 숙박을 먼저 예약해야 한다는 점이다. 숙박시설은 적은 편이어서 성수기나 주말에 거의 모든 숙소는 예약이 완료된다. 가고시마 여행을 하려면 여행기간만 정해진다면 숙박을 먼저 예약해야 한다.

일정과 코스에 따라 숙소를 어디에 정할지 고민되지만 여행 전에 정보 없이 숙박을 예약하지 않고 가고시마로 출발한다면 큰 낭패를 볼 수도 있다. 호텔이나 아파트, 민박은 숙박비에 조식이 포함되는 경우가 대부분이지만 아파트는 조식이 포함되지 않는 경우가 있다. 호텔과 시설이 좋은 아파트는 15,500엔(15만 5천 원) 이상이다.

4. 어떻게 여행 계획을 짤까?

지도와 요일별로 입항과 출항 일정표를 보고 여행일정을 계획해야 한다. 여행의 기간이 확정되면 숙박할 곳과 연계하여 하루 동안의 여행코스 거리를 측정해서 여행계획을 세우면 된다. 구글맵이나 일본어판 구글맵 참조(www.google.co.jp/maps)하면 좋다.

5. 식사

제대로 식사를 하려면 한 끼에 1,500~2,000엔(1만 5천~2만 원)정도의 비용이 들어간다. 저렴한 식사를 하는 방법은 대형마트에서 도시락을 사서 먹는 방법 외에는 없다. 도시락은 500~700엔(5천~7천 원) 사이로 푸짐하게 식사를 할 수 있다.

가고시마 추천 일정

가고시마여행은 당일치기, 1박 2일 여행, 2박 3일이나 3박 4일 여행, 온천, 트레킹 여행의 3가지 형태로 주로 나뉜다. 당일치기나 1박 2일 여행객은 시내를 중심으로 여행하고 2박 3일, 3박 4일은 가고시마 전체를 둘러보는 여행으로 자동차를 이용해 가고시마의 구석구석을 보려고 한다.

1박 2일 트레킹 여행은 여러 번 가고시마를 여행할 계획으로 나누어서 한다. 여행은 한 곳에 숙박을 정하고 트레킹을 하는데 등산 전문가들이 많이 찾는다. 여행의 성격을 파악하여 여행일정을 계획하여야 하고 숙소도 민박부터 호텔까지 가격이 10만 원 정도까지 차이가 난다.

1박 2일 여행

1박 2일 여행은 여행코스가 중요하다. 1일차에 이부스키의 온천을 이용하고 돌아와 숙박을 하고 밤에 주오역 근처의 야타이촌의 선술집에서 간단하게 밤문화를 즐긴다. 2일차에 시내를 돌아다녀도 시내가 작아서 다 볼 수 있다. 처음에 중앙역에서 시작해 덴몬칸 거리 위주로 여행코스를 정한다.

2박 3일 여행

이부스키와 야쿠시마를 동시에 보고 오려면 4일은 있어야 가능하다. 보통은 야쿠시마는 가지 않고 이부스키의 온천을 가기 때문에 가고시마 2일의 일정에 추가적인 하루는 이부스키의 온천을 가게 된다. 야쿠시마는 규슈 남단의 섬으로 가고시마에서 페리를 타고 이동해야 하기 때문이다.

택시투어

자신만의 프라이빗한 투어를 원한다면 택시투어도 있다. 하루에 4만~5만원 정도면 가능하다.

1박 2일

온천 + 시내의 여행코스(제주항공, 대한항공 이용)
1일차에 이부스키의 온천을 이용하고 돌아와 숙박을 하고 밤에 중앙역 근처의 야타이촌의
선술집에서 간단하게 밤문화를 즐긴다. 2일차에 시내를 돌아다녀도 시내가 작아서 다 볼
수 있다. 처음에 중앙역에서 시작해 덴몬칸 거리 위주로 여행코스를 정한다.

▶1일차
공항 → 가고시마 시내의 중앙역 → 이부스키역 도착(JR 쾌속 나노하나이용) → 모래 온천
(버스이용) → 이부스키역(버스이용) → 역 근처 맛집 탐방 → 가고시마 시내(JR 쾌속 나노
하나이용) 로 돌아오기

중앙역   이부스키역 (JR쾌속 나노하나이용)   모래온천 (버스이용)

가고시마 시내 (JR쾌속 나노하나이용)   역 근처 맛집 탐방   이부스키역 (버스이용)

▶2일차
중앙역부터 덴몬칸의 주요 볼거리를 보고 대표적인 시내의 전망대인 시로지마에서 시내
를 한 번에 다 볼 수 있다. 오후에 페리를 이용해 사쿠라지마의 화산을 둘러보고 돌아올 수
있다. 1박 2일을 다녀온다면 숙박은 중앙역에서 해야 2일차에 호텔에 짐을 맡기고 돌아다
닐 수 있다.

중앙역 → 덴몬칸(걸어가면서 가고시마와 관련한 인물 확인하기) → 자비엘 체류 기념비
→ 중앙공원 → 현립박물관 → 데루쿠니신사 → 사이고다카모리 동상 → 시립미술관 → 쓰
루마루 성터 → 레메칸 → 덴쇼인 상 → 시로야마 → 사쿠라지마(사쿠라지마 페리이용) →
중앙역(버스이용) → 공항

중앙역   덴몬칸   자비엘 체류 기념비   중앙공원

현립박물관 ▶ 데루쿠니 신사 ▶ 사이고다카모리 동상 ▶ 시립미술관

시로야마 전망대 ◀ 덴쇼인 상 ◀ 레메칸 ◀ 쓰루마루 성터

사쿠라지마 (페리이용) ▶ 중앙역 (버스이용) ▶ 공항

시내 위주의 여행코스(이스타항공 이용)

이스타항공으로 1박 2일 여행을 한다면 17시 이후에 시내에 도착할 수 있기 때문에 첫날은 시내위주의 여행을 해야 한다. 1일차에 시내위주로 여유롭게 둘러보고 호텔의 료칸을 이용한 온천으로 숙박해도 좋다. 쇼핑을 하려면 덴몬칸근처로 숙박을 하는 것이 편리하다. 왜냐하면 덴몬칸에 면세점이나 마트가 몰려 있기 때문이다. 저녁부터 덴몬칸이나 중앙역 근처의 테부리촌의 선술집에서 밤 문화를 즐긴다.

▶1일차

중앙역 → 덴몬칸까지 걸어가면서 가고시마와 관련한 인물 확인하기 → 자비엘 체류 기념비 → 중앙공원 → 현립박물관 → 데루쿠니 신사 → 사이고다카모리 동상 → 시립미술관 → 쓰루마루 성터 → 레메칸 → 덴쇼인 상 → 시로야마 전망대(야경)

중앙역 ▶ 덴몬칸 (걸어서 이동 : 가고시마 관련 인물 확인) ▶ 자비엘 체류 기념비

사이고다카모리 동상 ◀ 데루쿠니 신사 ◀ 현립박물관 ◀ 중앙공원

| 시립미술관 | 쓰루마루 성터 | 레메칸 | 덴쇼인 상 |

시로야마 전망대

▶2일차

2일차에는 이소 간마치 지역으로 이동해 센간엔과 구 가고시마방적소 기사관을 돌아보고 다시 중앙역으로 돌아와 나폴리 거리를 걸어서 역사의 길을 둘러보고 돌아와 공항으로 이동한다.

센간엔 → 상고집성관 → 구 가고시마방적소 → 버스로 워터프런트로 이동 → 사쿠라지마 페리로 사쿠라지마 다녀오기 → 버스로 중앙역이동 → 공항

| 센간엔 | 상고집성관 | 구. 가고시마 방적소 | 워터프런트 (버스이용) |
| 공항 | 중앙역 | 사쿠라지마 (페리이용) |

2박 3일

시내 + 이부스키 온천(야쿠시마) + 시내 여행코스

▶1일차

1일차에 시내위주로 둘러보는데 되도록 시내 외곽의 아소 간마치 지역으로 이동해 센간엔과 구 가고시마 방적소 기사관을 돌아보고 다시 중앙역으로 돌아와 나폴리 거리를 걸어서 역사의 길을 둘러보고 저녁부터 덴몬칸이나 중앙역 근처의 야타이촌의 선술집에서 밤 문화를 즐긴다.

공항 → 가고시마 시내의 중앙역 → 센간엔 → 상고집정관 → 구 가고시마방적소 → 버스로 워터프런트로 이동 → 페리로 사쿠라지마 다녀오기 → 버스로 중앙역 이동

공항　　　　　중앙역　　　　　센간엔　　　　상고집성관

중앙역　　　사쿠라지마 (페리이용)　　　워터프런트 (버스이용)

▶2일차

2일차에 이부스키의 온천을 이용하고 돌아와 쇼핑을 하려면 덴몬칸 근처로 숙박을 하는 것이 편리하다. 왜냐하면 덴몬칸에 면세점이나 마트가 몰려 있기 때문이다.

중앙역 → 이부스키역 도착(JR 쾌속 나노하나이용) → 모래 온천 (버스이용) → 이부스키역 → 역 근처 맛집 탐방 → 가고시마 시내(JR 쾌속 나노하나이용)

중앙역

이부스키역 (JR쾌속 나노하나이용)

모래온천 (버스이용)

가고시마 시내 (JR쾌속 나노하나이용)

이부스키역 근처 맛집 탐방

▶3일차

시내의 주요 관광지를 둘러봐야 하기 때문에 아침에 일찍 시내를 둘러보는 것이 좋다. 여행코스를 시내를 보면서 시로야마 전망대를 올라가는 코스로 만들어 전망대에서 시내를 보고 중앙역으로 돌아와 공항으로 이동한다.

중앙역 → 덴몬칸까지 걸어가면서 가고시마와 관련한 인물 확인하기 → 자비엘 체류 기념비 → 중앙공원 → 현립박물관 → 데루쿠니신사 → 사이고다카모리 동상 → 시립미술관 → 쓰루마루 성터 → 레메칸 → 덴쇼인 상 → 시로야마 전망대 → 공항

중앙역

덴몬칸 (걸어서 이동 : 가고시마 관련 인물 확인)

자비엘 체류 기념비

사이고다카모리 동상

데루쿠니 신사

현립박물관

중앙공원

시립미술관　쓰루마루 성터　레메칸　덴쇼인 상

공항　시로야마 전망대

메이지유신 역사를 둘러보는 여행코스

▶1일차

1일차에 시내 외곽의 아소 간마치 지역으로 이동해 센간엔과 구 가고시마 방적소 기사관을 돌아보고 저녁부터 덴몬칸이나 중앙역 근처의 야타이촌의 선술집에서 밤 문화를 즐긴다.

공항 → 가고시마 시내의 중앙역 → 센간엔 → 상고집정관 → 구 가고시마방적소 → 버스로 워터프런트로 이동 → 페리로 사쿠라지마 다녀오기 → 버스로 중앙역 이동

공항　중앙역　센간엔　상고집성관

중앙역　사쿠라지마 (페리이용)　워터프런트 (버스이용)

▶2일차(역사 문화의 길 위주 코스)

시내의 주요 관광지를 둘러봐야 하기 때문에 아침에 일찍 시내를 둘러보는 것이 좋다. 여행코스를 시내를 보면서 시로야마 전망대를 올라가는 코스로 만들어 전망대에서 시내를 보고 중앙역으로 돌아와 공항으로 이동한다.

가고시마 시내의 중앙역 → 덴몬칸까지 걸어가면서 가고시마와 관련한 인물 확인하기 → 자비엘 체류 기념비 → 중앙공원 → 현립박물관 → 데루쿠니신사 → 사이고다카모리 동상 → 시립미술관 → 쓰루마루 성터 → 레메칸 → 덴쇼인 상 → 시로야마 전망대 → 공항

중앙역 ▶ 덴몬칸 (걸어서 이동 : 가고시마 관련 인물 확인) ▶ 자비엘 체류 기념비

사이고다카모리 동상 ◀ 데루쿠니 신사 ◀ 현립박물관 ◀ 중앙공원

시립미술관 ▶ 쓰루마루 성터 ▶ 레메칸 ▶ 덴쇼인 상

공항 ◀ 시로야마 전망대

▶3일차

시내에서 사쿠라지마로 페리를 타고 이동한 후 사쿠라지마를 둘러보고 다시 중앙역으로 돌아와 나폴리 거리를 걸어서 역사의 길을 강변을 따라 본다. 시간에 맞춰 공항버스를 탑승하는 것이 좋다.

사쿠라지마 이동 → 역사의 길(무가저택, 이로하우타의 광장, 이신후루사토관) → 공항버스 → 공항

사쿠라지마 (페리이용) ▶ 역사의 길(무가저택, 이로하우타의 광장, 이신후루사토관)

공항 (버스 이용)

3박 4일

여유로운 여행코스

이부스키와 야쿠시마를 동시에 보고 오려면 4일은 있어야 가능하다. 이부스키도 가고시마에서 45분 이상은 소요되고 야쿠시마는 규슈 남단의 섬으로 가고시마에서 페리를 타고 이동해야 하기 때문이다. 두 관광지 다 하루씩 2일이 소요된다. 이부스키에서 가고시마 시내로 돌아오지 않고 야쿠시마로 다음날 이동하는 것이 효율적이어서 렌트를 하여 여행하면 더 좋다. 5~10월이라면 야쿠시마에서 트레킹을 추천한다. 다른 여행 일정은 2박 3일 코스와 동일하다.

▶1일차

1일차에 시내위주로 둘러보는데 되도록 시내 외곽의 아소 간마치 지역으로 이동해 센간엔과 구 가고시마 방적소 기사관을 돌아보고 다시 중앙역으로 돌아와 나폴리 거리를 걸어서 역사의 길을 둘러보고 저녁부터 덴몬칸이나 중앙역 근처의 야타이촌의 선술집에서 밤 문화를 즐긴다.

공항 → 가고시마 시내의 중앙역 → 센간엔 → 상고집정관 → 구 가고시마방적소 → 버스로 워터프런트로 이동 → 페리로 사쿠라지마 다녀오기 → 버스로 중앙역 이동

공항　　　　　중앙역　　　　　센간엔　　　　　상고집성관

중앙역　　　　사쿠라지마 (페리이용)　　　　워터프런트 (버스이용)

2일차

2일차에 이부스키의 온천을 이용하고 가이몬다케까지 이부스키의 대부분 관광지를 둘러볼 수 있다. 만약 가고시마 시내로 돌아와 다음날 가고시마항에서 페리를 타고 이동하는 방법도 있다.

중앙역 → 이부스키역(JR 쾌속 나노하나이용) → 모래 온천(버스이용) → 가이몬다케(버스이용) → 이부스키역 → 역 근처 맛집 탐방 → 가고시마 시내(JR 쾌속 나노하나이용)

중앙역　　　이부스키역 (JR쾨속 나노하나이용)　　　모래온천 (버스이용)

가고시마 시내
(JR쾨속 나노하나이용)　　　이부스키역 근처 맛집 탐방　　　가이몬다케 (버스이용)

▶3일차

야쿠시마는 가고시마항에서 페리를 타고 이동하는 방법과 이부스키에서 이동하는 방법이 있다. 렌트를 하여 자동차로 이동하면 이부스키에서 이동하는 것이 편리하며 대중교통을 이용하면 가고시마에서 페리를 타고 이동하면 된다.

중앙역 → 가고시마항 → 페리로 야쿠시마 이동 → 야쿠시마 트레킹 → 다시 페리타고 가고시마 시내로 돌아오기

중앙역　　　가고시마항　　　야쿠시마 (야쿠시마트레킹)　　　가고시마 시내
(JR쾨속 나노하나이용)

▶4일차

시내의 주요 관광지를 둘러봐야 하기 때문에 아침에 일찍 시내를 둘러보는 것이 좋다. 여행코스를 시내를 보면서 시로야마 전망대를 올라가는 코스로 만들어 전망대에서 시내를 보고 중앙역으로 돌아와 공항으로 이동한다.

가고시마 시내의 중앙역 → 덴몬칸까지 걸어가면서 가고시마와 관련한 인물 확인하기 → 자비엘 체류 기념비 → 중앙공원 → 현립박물관 → 데루쿠니신사 → 사이고다카모리 동상 → 시립미술관 → 쓰루마루 성터 → 레메칸 → 덴쇼인 상 → 시로야마 전망대 → 공항

중앙역 → 덴몬칸 (걸어서 이동 : 가고시마 관련 인물 확인) → 자비엘 체류 기념비

사이고다카모리 동상 ← 데루쿠니 신사 ← 현립박물관 ← 중앙공원

시립미술관 → 쓰루마루 성터 → 레메칸 → 덴쇼인 상

공항 ← 시로야마 전망대

대표적인 가고시마 축제

하쓰우마사이(鹿兒島神宮初午祭 / 2~3월 / 매년 날짜가 바뀜)

가고시마진구에 전해 내려오는 460년 역사를 자랑하는 전통 축제로 머리부터 발끝까지 화려한 장신구로 치장한 말 스즈카케우마의 춤사위가 압권이다. 원래 가축의 안전과 다산, 풍작을 기원하며 병이나 재앙을 물리치는 의미가 담겨 있는 농민들의 작은 행사였는데, 지금은 수십 마리의 말과 약 2천 명의 시민들이 함께 하는 대규모 축제로 변화하였다.

히노시마마쓰리(火사の島祭リ)

사쿠라지마의 여름 풍물 축제로 7월에 열린다. 1988년 국제 화산회의를 기념으로 만든 행사로 거대한 북 연주를 비롯하여 다양한 이벤트를 개최한다. 축제의 백미는 웅장한 사쿠라지마를 배경으로 펼쳐지는 불꽃놀이이다.

가고시마 긴코완(鹿兒島錦江灣) 서머나이트 오하나미대회(大花火大會 / 8월)

2000년부터 시작된 규슈 최대 규모의 불꽃놀이 축제로 세계적으로 유명한 활화산인 사쿠라지마와 아름다운 긴코만(錦江灣)을 배경으로 밤하늘에 펼쳐지는 환상적인 빛으로 수놓는 불꽃은 평생 잊을 수 없는 경험을 맛보게 된다. 대회는 19시부터 시작해 다양하고 독특한 불꽃을 만 발 이상 쏜다고 한다.

오하라마쓰리(おはら祝祭 / 11월 2~3일)

가고시마의 가을을 수놓는 춤의 제전으로 오하라마쓰리는 1949년 일본의 행정구역 시행 60주년을 기념해 시작한 축제로 가고시마뿐만 아니라 남규슈를 대표하는 가을 축제로 자리매김했다. 오하라마쓰리 축제는 매년 가고시마에서 손꼽히는 번화가인 덴몬칸에서 열리는 규슈 남부지역 최대의 축제로, 참가자 수는 약 2만 명에 달한다.

가고시마를 대표하는 민요인 '오하라부시'에 맞추어 일본의 전통 의상인 유카타, 축제 의상인 핫피를 입은 사람들이 군무를 펼치며 행진한다. 가고시마시의 중요한 교통수단인 노면전차를 형형색색의 전등으로 장식한 꽃전차인 하나덴샤와 춤추는 인파와 함께 초가의 덴몬칸을 수놓는다. 많은 무용수가 가고시마를 대표하는 민요에 장단을 맞추며 춤을 추고 행진하는 장면이 인상적이다.

여행 중 물건을 도난당했을 때 대처 요령

처음 해외여행에서 현금이나 카메라 등을 잃어버리면 당황스러워진다. 물건을 잃어버리면 여행을 마치고 집에 가고 싶은 생각이 굴뚝같아진다. 하지만 여행을 마치고 돌아오기는 쉽지 않고 시간이 지나면 기분도 다시 좋아진다. 그래서 해외여행에서 반드시 필요한 것이 여행자 보험에 가입하는 것이다. 해외에서 도난 시 어떻게 해야 할까?를 안다면 남은 여행을 잘 마무리하고 즐겁게 돌아올 수 있다.

물건을 잃어버린 것을 안다면 근처에 가장 가까운 경찰서를 찾아야 한다. 경찰서에 가서 '폴리스리포트'를 써야 한다. 폴리스리포트에는 이름과 여권번호를 적기위해 여권을 제시하라고 하며 물품을 도난당한 시간과 장소, 사고이유, 도난 품목과 가격 등을 자세히 기입하게 되어 있어 시간이 1시간 이상은 소요가 된다. 처음에는 나만 잃어버린 거 같아 창피해하는 경우도 있지만 해결하는 것이 더 급선무이니 빠르게 해결하도록 하자.

폴리스리포트를 쓸 때 가장 조심해야하는 사항 은 도난인지 단순 분실인지를 물어보게 된다. 대부분은 도난이기 때문에 '스톨른stolen'이라는 단어를 경찰관에게 알려줘야 한다. 단순 분실은 본인의 과실이라서 여행자보험을 가입해도 보상받지 못한다.

여행을 끝내고 돌아와서는 보험회사에 전화를 걸어 도난 상황을 이야기하고 폴리스리포트와 해당 보험사 보험료 청구서, 휴대품신청서, 통장사본과 여권을 보낸다. 도난당한 물품의 구매 수증이 있다면 조금 더 보상받는 데 도움이 되지만 없어도 상관이 없다. 보상금액은 여행자보험에 가입할 당시의 최고금액이 결정되어 있어 그 금액이상은 보상이 어렵다. 보통 최고 50만 원까지 보상받는 보험에 가입하는 것이 일반적이다. 보험회사 심사과에서 보상이 결정되면 보험사에서 전화로 알려준다. 여행자보험의 최대 보상한도는 보험의 가입금액에 따라 다르지만 휴대품 도난은 한 개 품목당 최대 20만원까지 전체금액은 80만원까지 배상이 가능하다. 여러 보험사에서 여행자보험을 가입해도 보상은 같다. 그러니 중복 가입하지 말자.

여행자보험을 잘 활용하면 도난당한 휴대품에 대해 일부라도 배상받을 수 있어 유용하지만 최근 이를 악용하는 여행자들이 많아지고 있다고 하니 절대 악용하지 말자. 보험사는 청구 서류에 대한 꼼꼼히 조사한다고 한다. 허위 신고하여 발각되면 법적인 책임을 질 수 있으니 명심하고 자신을 다시 돌아보는 해외여행까지 가서 자신을 버리는 허위신고는 하지 말자.

여권 분실 시 해결방법

여행은 즐거움의 연속이기도 하지만 여권을 잃어버려 당황하는 경우도 많이 있다. 가방 도난이나 여권 분실 같은 어려움에 봉착하면 여행의 즐거움이 다 없어지는 것처럼 집에 가고 싶은 생각만 나기도 한다. 그래서 미리 조심해야 하지만 방심한 그때 바로 지갑, 가방, 카메라 등이 없어지기도 하고 최악의 경우에는 여권도 없어지는 경우도 생긴다.

여행기간 중에 봉착하는 어려움에 당황하지 않고, 그에 대한 대처를 잘하면, 여행이 중단되지 않고 무사히 한국까지 돌아와서 여행 때 있었던 일을 웃으면서 나중에 무용담으로 이야기할 수 있는 순간을 만드는 게 중요한 거 같다. 너무 크게 생각하지 말고 대비방법을 알아보자. 앞서 말한 바와 같이 여권은 외국에서 신분을 증명하는 신분증이다.

잃어버렸다고 당황하지 말고, 해결방법을 알아 여권을 다시 재발급 받으면 된다. 일단 여행준비물 중에 분실을 대비해서 여권복사본과 여권용 사진 2장을 준비해야 해 놓자. 최소한 여권을 카메라나 스마트폰의 카메라로 찍어 놓으면 여권번호, 발행날짜 등 메모를 할 필요가 없어 유용하다. 우선 여권을 분실 했을 때에는 가까운 경찰서로 가서 Police Report를 발급받은 후에 영사관에서 여권을 재발급 받으면 된다.

여권 발급 원칙

대사관에 가면 사진과 폴리스리포트를 제시하고 여권사본을 보여주면 만들어주는데 보통 1~2일 정도 걸린다. 다음날 돌아와야 하면 계속 부탁해서 여권을 받아야 한다. 절실함을 보여 주시고 화내지 말고 이야기하면 해결해 주려고 노력한다. 보통 여권을 분실하면 화부터 내고 어떻게 하냐는 푸념을 하는데 그런다고 해결이 되지 않는다.
마지막으로 팁이 있다. 여권을 신청하실 때 신청서와 제출 서류를 꼭 확인한다. 여권을 재발급 받는 분들은 다들 절박한 사람들이다. 여권이 재발급되는 기간은 요즘음 많이 빨라지고 있어 하루 정도 소요가 되며 주말이 끼어 있는 경우는 더 많은 시간이 소요된다.

여권재발급 순서

1. 영사콜센터 전화하기
2. 경찰서가서 폴리스 리포트 쓰기
3. 기다리며 여권 신청 제출확인하고 신청하기

여행 준비물

1. 여권
여권은 반드시 필요한 준비물이다. 의외로 여권을 놓치고 당황하는 여행자도 있으니 주의하자. 유효기간이 6개월 미만이면 미리 갱신하여야 문제가 발생하지 않는다.

2. 환전
지폐 1,000¥ 위주의 현금으로 준비하는 것이 가장 효율적이다. 예전에는 은행에 잘 아는 누군가에게 부탁해 환전을 하면 환전수수료가 저렴하다고 했지만 요즈음은 인터넷 상에 '환전우대권'이 많으므로 이것을 이용해 환전수수료를 줄여 환전하면 된다.

3. 여행자보험
물건을 도난당하거나 잃어버리든지 몸이 아플 때 보상 받을 수 있는 방법은 여행자보험에 가입해 활용하는 것이다. 아플 때는 병원에서 치료를 받고 나서 의사의 진단서와 약을 구입한 영수증을 챙겨서 돌아와 보상을 받을 수 있다. 도난이나 타인의 물품을 파손 시킨 경우에는 경찰서에 가서 신고를 하고 '폴리스리포트'를 받아와 귀국 후에 보험회사에 절차를 밟아 청구하면 된다. 보험은 인터넷으로 가입하면 1만원 내외의 비용으로 가입이 가능하며 자세한 보상 절차는 보험사의 약관에 나와 있다.

4. 여행 짐 싸기
짧은 일정으로 다녀오는 가고시마 여행은 간편하게 싸야 여행에서 고생을 하지 않는다. 돌아올 때는 면세점에서 구입한 물건이 생겨 짐이 늘어나므로 가방의 60~70%만 채워가는 것이 좋다. 필수 여행준비물만 챙겨가야 편하다.
주요물품은 가이드북, 카메라(충전기), 세면도구(숙소에 비치되어 있지만 일부 숙박시설에는 없는 경우도 있음), 수건(온천을 이용할 때는 큰 비치용이 좋음), 속옷, 상하의 1벌, 멀티탭(110V이므로 반드시 필요), 우산, 신발(운동화가 좋음)

5. 한국 음식

고추장/쌈장

각종 캔류

즉석밥

라면

6. 준비물 체크리스트

분야	품목	개수	체크(V)
생활용품	수건(수영장이나 바냐 이용시 필요)		
	썬크림		
	치약(2개)		
	칫솔(2개)		
	샴푸, 린스, 바디샴푸		
	숟가락, 젓가락		
	카메라		
	메모리		
	두통약		
	방수 자켓/우산		
	운동화/트레킹화(방수/야쿠시마 트레킹)		
	슬리퍼		
	멀티어댑터		
	패딩점퍼(겨울)		
식량	쌀		
	커피믹스		
	라면		
	깻잎, 캔 등		
	고추장, 쌈장		
	김		
	포장 김치		
	즉석 자장, 카레		
약품	감기약, 소화제, 지사제		
	진통제		
	대일밴드		
	감기약		

Kagoshima

가고시마

가까운 일본여행을 즐기는 사람들이 점점 더 많아지고 있다. 비행시간도 제주도와 비교해도 많이 차이가 나지 않는 1시간이고 대한민국과 다른 문화와 자연환경, 역사 등 볼거리, 먹을거리가 풍부한 일본여행은 시간적 여유가 적은 사람도 부담감을 가지지 않고 떠날 수 있는 여행지로 매력적인 나라다.

금, 일), 2018년 1월에 제주항공(화, 목, 토)이 취항하면서 가고시마로 저

렴하게 여행이 가능해졌다.

가고시마 IN

가고시마 공항으로 대한항공(수, 금)만 취항하였지만 2017년 11월 이스타 항공(수,

규슈에서 가고시마 IN

신칸센
후쿠오카 하네다에서 가고시마 공항까지 1시간 45분 소요(1일 19편)

고속버스
규슈 각지에서 JR과 고속버스가 운행되고 있으며 둘 다 소요 시간은 별 차이가 없는 경우가 많으므로 예산 등에 맞춰서 이동 수단을 선택하면 된다.

	인천 → 가고시마	가고시마 → 인천
대한항공	08:45 → 10:20	11:30 → 13:15
이스타항공	14:45 → 16:35	17:30 → 19:40
제주항공	06:55 → 08:35	09:25 → 11:05 15:00 → 16:40(토)

입국심사

항공기에서 내려 향한 입국 심사장에서야 비로소 외국이라는 생각이 든다. 가고시마는 관광객이 늘어나고 있지만 아직 후쿠오카에 비하면 적은 숫자이다. 그래서 입국심사는 오래 시간이 소요되지 않는다.

입국심사 절차

1. 입국 심사관에게 여권, 입국카드 등을 제출한다.
2. 입국 심사관의 안내를 받은 다음, 양손 집게손가락을 지문 인식기기 위에 올려놓고 얼굴은 지문 인식기기 윗부분에 있는 카메라로 얼굴 사진을 촬영한다. 지문 정보를 전자적으로 인식하며 얼굴사진 촬영과 집게손가락의 지문 인식은 동시에 이루어지기 때문에 앞 사람이 어떻게 하는지 보고 사전에 준비하도록 한다. 이때 여권지갑에서 여권은 빼 놓는 것이 좋다.
3. 입국심사관과 인터뷰를 한다. 대부분은 인터뷰 없이 지나간다.
4. 입국심사관이 여권을 주면 심사가 끝이 난다.

外国人入国記録 DISEMBARKATION CARD FOR FOREIGNER 외국인 입국기록 [ARRIVAL]					
氏 名 Name 이름	Family Name 영문성 성		Given Names 영문이름 이름		
生年月日 Date of Birth 생년월일	Day 日 일 Month 月 월 Year 年 년 D D M M Y Y Y Y	現 住 所 Home Address 현 주 소	国名 Country name 나라명 KOREA	都市名 City name 도시명 SEOUL	
渡航目的 Purpose of visit 도항 목적 (해당항목 체크)	☐ 観光 Tourism 관광　☐ 商用 Business 상용　☐ 親族訪問 Visiting relatives 친족 방문 ☐ その他 Others 기타 ( )		航空機便名·船名 Last flight No./Vessel 도착 항공기 편명·선명	항공편 명	
			日本滞在予定期間 Intended length of stay in Japan 일본 체재예정 기간	일본 체류 기간	
日本の連絡先 Intended address in Japan 일본의 연락처	일본 체류 주소		TEL 전화번호	일본 연락처	
(해당항목 체크)	1. 日本での退去強制歴·上陸拒否歴の有無 Any history of receiving a deportation order or refusal of entry into Japan 일본에서의 강제퇴거 이력·상륙거부 이력 유무			☐ はい Yes 예　☐ いいえ No 아니오	
	2. 有罪判決の有無 （日本での判決に限らない） Any history of being convicted of a crime (not only in Japan) 유죄판결의 유무 (일본 내외의 모든 판결)			☐ はい Yes 예　☐ いいえ No 아니오	
	3. 規制薬物·銃砲·刀剣類·火薬類の所持 Possession of controlled substances, guns, bladed weapons, or gunpowder 규제약물·총포·도검류·화약류의 소지			☐ はい Yes 예　☐ いいえ No 아니오	
以上の記載内容は事実と相違ありません。I hereby declare that the statement given above is true and accurate. 이상의 기재 내용은 사실과 틀림 없습니다.					
署名 Signature 서명 서명					

공항에서 시내 IN

가고시마 공항은 국제선과 국내선이 있는데 국제선의 노선이 적어 국제선이 매우 작은 규모이다. 그래서 국제선 공항을 나오면 왼쪽으로 이동해 국내선 공항으로 이동해야 공항버스가 있다. 시내로 가는 공항버스는 2번으로 이동하면 된다. 공항버스 티켓은 티켓기계에서 구입할 수 있다. 급하게 타야 한다면 버스에 탄후, 버스기사에게 직접 구입도 가능하다. 공항에서 JR가고시마 중앙역까지 40분정도가 소요된다. 20분마다 출발하고 시내에서 정차하므로 자신의 숙소위치를 확인하고 하차하면 된다.
(참조 : www.koj-ab.co.jp)

산큐패스(SUNQ PASS) 남부규슈
산큐패스^{SUNQ PASS}는 따뜻한 규슈의 이미지인 'SUN(해)'과 큐슈의 첫 글자와 발음이 비슷한 'Q'를 조합한 것이다. 산큐 패스(SUNQ PASS)는 규슈 지역의 거의 모든 고속버스, 시내버스, 선박의 일부까지 무제한으로 이용할 수 있는 패스이지만 규슈의 북부인 규슈+시모노세키, 전 규슈+시모노세키 3일권(10,000￥)/4일권(14,000￥)의 3가지 종류만 있었다.

가고시마여행을 하는 여행자는 산큐 패스^{SUNQ PASS}를 이용할 일이 없었다.
2018년 3월 20일에 가고시마, 미야자키, 쿠마모토에서 고속버스와 노선버스를 자유롭게 승하차할 수 있는 '산큐 패스 남부 규슈 3일권'(8,000엔)이 발매되었다. 패스는 버스 터미널에서 구입할 수 있다.

▶**3일권** : 일본 8,000￥
　　　　　해외 6,000￥
　　　　　(연속 3일로 사용가능)
▶이용 기간 : 고객이 지정한 연속 3일간
▶**홈페이지** : www.kyushutabi.net

버스티켓 구입방법

공항에서 나와 왼쪽의 2번으로 이동하면 왼쪽에 티켓 구입이 가능한 기계를 볼 수 있다.

1. 먼저 2,000￥을 넣으면 형광색으로 변한다.

2. 1,250￥ 버튼을 누르면 버스티켓이 나온다.

3. 버스에 타면 기사에게 주지 말고 티켓입구에 넣으면 된다.

매표에서 산 승차권　　자동발매기 승차권

시내 교통

노면전차(路面電車)

가고시마가 일본의 다른 도시와 다른 느낌이 도시를 돌아다니는 노면전차이다. 시내 중심을 연결하는 대중적 교통수단으로 어디든지 갈 수 있는 전철이다. 2개의 노선을 운행 중이며 총연장 15㎞ 정도로 짧지만 예스러운 분위기를 느낄 수 있고 관광지를 편리하게 갈 수 있어 관광객도 많이 탑승한다.

▶요금_ 1회 탑승 160¥
▶전화_ 099-257-2111
▶홈페이지_ www.kotsu-city-kagosima.jp

노면버스(路面バス)

가고시마 시내뿐만 아니라 근교까지 다양한 노선으로 시민들의 발 역할을 하는 노선버스는 시티뷰 버스와 노면전차가 가지 않는 곳을 연결해 주는 편리한 시내 교통수단이다. 이용구간에 따라 요금이 올라가는 거리병산제로 운행하고 있다.

▶요금_ 1회 탑승 180¥
▶전화_ 099-257-2111
▶홈페이지_ www.kotsu-city-kagosima.jp

가고시마 시내교통도

노면전차 1호선
전체 소요시간 40분

노면전차 2호선
전체 소요시간 30분

가고시마 시티뷰
시로야마코스

가고시마 시티뷰
워터프론트코스

난슈코엔
이리구치

기온노스
코엔마에

센간엔

사이고난슈
켄쇼칸마에

시로야마

사이고
도쿠쓰마에

시쓰마
기시히마에

가고시마
에키마에

사쿠라지마
산바시도리

이시바스
키넨코엔

스이조쿠칸
구치

가고시마
스이조쿠

사이고
도조마에

시야쿠쇼마에

돌핀포트
마에

자비에르
코엔마에

아사히도리

이즈로도리

규슈
신
칸
센

가고시마
중앙역

JR 가고시마혼센

고리
모토
역

미에다비코쿠쇼교

나카스도리

미야코도리

마에주오에키
가고시마

다카미바시

가지야마치

다카미바바

덴몬칸도리

신덴

도소

마에고기쿠부

마에훈신기쿠엔

나카고리

이신후루사토칸

다카미바바

시리쓰뵤인마에

신야시키

다케노하시

미나미 가고시마역

다
니
야
마

가
미
시
오
야

사
쿠
누
키

와
키
다

잇
초
메
수
스
키

니
켓
자
야

미
나
미
카
고
시
마
에
키
마
에

나
미
다
바
시

고
리
모
토

가
모
이
케

기
샤
바

아
라
타
하
치
만

고
쓰
쿄
쿠
마
에

84

가고시마 3대 족욕탕

가고시마는 모래찜질 온천으로 유명하여 온천을 하려고 관광을 오는 관광객이 상당히 많다. 어디에서나 온천을 즐길 수 있지만 특히 족욕을 할 수 있는 족욕탕이 여러 곳이 있다. 여러 곳을 다니기 위해 피곤한 발을 풀고 온천기분을 느낄 수 있는 족욕을 해보자. 전 연령대에서 큰 인기로 특히 가족 여행자라면 다 같이 즐겨보자. 발을 담그고 앉아서 대화를 나눈다면 속마음도 털어놓기가 좋다.

1. 돌핀포트
가고시마 시내에서 유일하게 족욕을 즐길 수 있는 곳이 가고시마 시민들의 휴식장소로 사용되는 워터프런트 파크이다. 돌핀포트 뒤의 레스토랑 거리에 있다.

2. 사쿠라지마
사쿠라지마행 페리를 타고 내리면 사쿠라지마를 여행하기 위해 상당히 많은 거리를 걸어야 한다. 다 돌아보고 나서 족욕을 하면 정말 피로가 싹 풀린다. 상당히 길기 때문에 많은 관광객이 이용할 수 있다.

3. 이부스키 역
이부스키에서 온천을 즐기러 갈 때나, 즐기고 돌아올 때 열차시간까지 짜투리 시간이 남게 된다.

시티 뷰 버스(Kagosoma Cityview)

가고시마 관광을 위해 운행되는 가고시마 시티 뷰 버스는 장난감처럼 귀여운 레트로 디자인의 버스로 주요 관광지를 30분 간격으로 운행하는 관광버스로 원하는 정거장에서 자유롭게 승하차가 가능하기 때문에 관광객이 주로 이용한다.

JR 가고시마 중앙역 앞을 시작으로 이신후루사토관, 자비엔 코엔, 이오월드 가고시마 수족관, 센간엔, 덴몬칸 등 12개의 주요 관광지를 약 15㎞의 코스로 1시간 만에 돌게 된다. 가고시마 중앙역 앞에서 운행을 시작하며 오전 9시 첫차, 오후 5시 막차가 운행된다.(여름 오후 17시 30분까지 운행)

관광지를 다 둘러보고 싶다면 시티뷰 버스와 노면전철까지 자유롭게 탑승할 수 있는 1일 승차권을 구입하는 것이 저렴하다. 1일 승차권은 관광지의 입장 할인 혜택도 있다.

▶**구입장소**_ 가고시마 중앙역 관광안내소
(시티뷰 버스 내)
▶**요금**_ 1회 성인 200￥, 어린이 100￥
1일 패스 성인 600￥,
어린이 300￥
▶**전화**_ 099-253-2500
▶**홈페이지**_ www.kotsu-city-kagosima.jp

웰컴큐트패스(Welcome Cute Pass)

하루 동안 시내교통을 탑승할 수 있는 교통패스로 공항버스를 타고 내리면 관광안내소에서 구입하는 것이 편리하다. 1,200￥(소인600￥)을 내고 외국인 전용패스를 받고 나서 탑승할 때 탑승하는 날짜의 숫자를 긁어서 보여주면 된다. 시티뷰 버스를 무료로 탑승할 수 있으나 경쟁회사인 메구리 버스는 탑승이 불가능하다.

※웰컴큐트패스와 일반큐트 버스가 통합되어 여권을 제시하지 않아도 구입이 가능하다. 통합이 되면서 가격이 200￥ 상승하였다. 2일권 대인 1,800￥(소인 900￥)

판매 장소
가고시마 중앙역 종합 관광 안내소(鹿児島中央駅総合観光案内所), 관광교류센터(観光交流センター), 덴마치 살롱(天まちサロン), 가고시마 항 승선권 판매소(鹿児島港乗船券販売所), 사쿠라지마항 승선권 판매소(桜島港乗船券販売所), 사쿠라지마 관광안내소(桜島観光案内所), 교통국 내 승차권 판매소(交通局内乗車券販売所), 시청 앞 승차권 판매소(市役所前乗車券販売所)

시티 뷰 버스 노선도

1 덴몬칸
2 사이고 동상 앞
3 자비에르 공원앞
4 가고시마주오(중앙역)
5 유신후루사토관 관광교류센터 앞
6 돌핀포트
7 돌핀포트 앞
8 가고시마 수족관 앞
9 시아루소마에
10 시로야마
11 시로야마
12 사이고 동굴 앞
13 사이고 난슈 현창관
14 난슈공원 입구
15 이세바시 기념공원 앞
16 기온노스 공원 앞

파란색
워터 프런트 코스(08:40~16:40, 80분 간격,
소요시간 약75분, 중앙역에서 출발)

빨간색
시로야마, 이소 코스(09~17:20, 30분 간격,
소요시간 60분, 중앙역 출발)

가고시마 렌트

가고시마를 처음 여행할 때는 대부분 시내여행 패키지나 현지의 버스투어를 이용하지만 2~3번 여행하면서부터 렌트카를 이용하는 경우가 많다. 가고시마 시내에서 렌트카를 빌릴 수 있다.

렌트카를 이용하려면

렌트카를 이용하려면 렌트카의 인수와 반납이 같은 장소에서 이루어져야한다. 렌트카를 반납하는 시간을 철저하게 지켜야 한다. 무심코 넘기거나 렌트카 반납시간이 임박했다면 미리 해당 렌트카에 전화를 걸어이야기하고 추가 시간에 대한 비용만 납부하면 다른 문제가 발생하지 않는다.

운전 주의사항

자동차 주행이 대한민국과 반대 방향이라서 운전할 때 조심해야 한다. 일본에서 운전 시 한국인에게 가장 어려운 운전 상황의 하나이다. 왼손으로 기어 변속을 하는 점도 처음에는 부담스럽지만 금방 익숙하게 된다. 그래서 정지가 나오면 일단

정지하고 나서 이동하는 방향을 정확하게 확인하고 이동하는 습관을 기르는 것이 좋다.

자동차 여행의 장점

1. 시골과 같은 작은 마을 곳곳으로
   여행이 가능하다.

가고시마를 2번 이상 다녀오는 여행자가 늘어나고 있다. 가고시마여행의 경험이 있는 여행자는 시내를 떠나 가고시마의 작고 아기자기한 섬을 여행하고 싶지만 버스투어로 이동하는 것은 쉽지 않다. 자동차로는 마음대로 이동할 수 있어서 효율적인 가고시마여행을 할 수 있는 장점이 있다.

2. 원하는 만큼 이동하고 볼 수 있다.

기차로 여행을 하다보면 창밖의 풍경이 너무 아름다워 멈추고 싶은 생각이 굴뚝같지만 버스는 내 마음대로 멈출 수 없다. 자동차로 여행을 한다면 원하는 대로 멈추고 보고 또 이동할 수 있으며 배가 고프다면 근처의 레스토랑에서 먹을 수도 있다. 원하는 대로 여행이 가능하기 때문에 자동차 여행은 2번 이상 가고시마를 경험한 여행자가 주로 찾는 여행방법이다.

자동차 여행의 단점
1. 운전하는 피로감이 증대된다.
2. 자동차 사고에 대한 부담이 존재한다.

3. 주차를 못한다면 부담이 된다.

4. 길의 폭이 좁아서 트럭 같은 큰 차가 앞에서 올 때는 한쪽으로 붙여서 정지시키면 큰 차가 먼저 지나가고 이동하면 사고를 막을 수 있다.

자동차 여행의 Q & A

Q. 대중교통의 비용을 줄일 수 있다?

A. 저렴한 버스를 이용하는 방법이 있지만 시간이 효율적이지 않아 가고시마 여행의 기간이 짧은 대한민국 여행자에게 버스는 불편하다.

이럴 때 자동차로 이동하는 렌트카 비용은 상당히 매력적이다. 하지만 가고시마에서는 렌트카를 이용하는 비용이나 버스투어의 비용이나 큰 차이가 나지 않는다.

Q. 정체가 심해 오히려 이동하는 시간이 더 소요되지 않을까?

A. 대한민국에서 운전을 하는 상황을 생각해보면 교통 정체가 심각하고 차량의 끼어들기 또한 많고 차량운전자끼리 욕설도 있다. 그러므로 가고시마 여행에 가서까지 이런 상황을 맞이하는 것이 싫다는 여행자가 많다. 하지만 가고시마는 교통정체가 거의 없으며 도로표지판과 이

정표가 워낙 잘 되어 있어 불편함은 상대적으로 작다.

Q. 아침부터 저녁까지 계속되는 운전을 강행할 수 있을까?

A. 운전하는 상황이 힘든 것은 사실이지만 눈앞에 펼쳐지는 아름다운 풍경들로 인해 힘든 것보다 더 큰 즐거움과 성취감도 높다. 그리고 시간이 지나면 운전이 상당히 쉽게 적응이 된다.

같이 운전할 수 있는 다른 여행자가 있다면 운전으로 인한 피로감을 상당히 줄일 수 있다.

Q. 일본에서 대한민국과 운전의 방향이 반대라 위험하지 않을까?

A. 운전대의 방향이 반대이지만 정지선에서 잘 멈추기만 한다면 사고가 날 확률도 적고 시내를 제외하면 도시의 시내가 없기 때문에 경험해보면 운전이 어렵지 않다는 사실을 알게 된다.

Q. 렌트카를 빌리는 비용이 비싸지 않을까?

A. 렌트카의 비용은 비싸지 않다. 4명이 여행을 한다면 렌트카 여행이 버스투어보다 더 저렴하다. 여행의 기간이 늘어날수록 렌트카 대여비용은 더욱 저렴해진다.

Q. 기름 값이 비싸서 비용의 감당이 어렵지 않을까?

A. 일본의 기름 값이 저렴하지는 않지만 대한민국과 비교해 비싼 편은 아니다. 그런데 히타카츠에서 이즈하라를 왕복하고 돌아와도 주유를 하는 경우는 렌트카를 반납하기 위해 렌트카 사무실 앞에서 주유하는 경우를 제외하고는 없다. 주행거리가 짧아서 기름값은 3~4만 원 정도 된다.

Q. 자동차로 이동하기 때문에 상세한 여행이 가능하지 않나요?

A. 정확한 여행 계획을 만든다고 하지만 처음에 자신의 운전방법을 고려하지 않았기 때문에 어디에서 숙박하는 등의 정확한 계획은 지켜지지 않는다. 기간을 정해 대략적인 여행 일정을 정해야 여행 일정의 조정이 가능하다.

네비게이션

네비게이션은 한글지원이 가능하기 때문에 가고시마에서 네비게이션 사용이 어렵지 않다. 한글이 지원이 안 되는 네비게이션이라도 전화번호와 맵코드를 이용하면 쉽게 목적지를 찾아갈 수 있다.

대한민국과 다른 일본 네비게이션
1. 일본이 대한민국과 네비게이션 사용방법이 다른 점은 맵코드MAPPLE CODE를 사용한다는 점이다. 맵코드를 사용해 차량이 이동하는 위치를 찾기 편하도록 만든 것인데 정확한 위치가 아니고 목적지 근처라서 목적지에 거의 도착해 헤매는 경우가 종종 있다.
2. 주행 중에는 네비게이션은 사용할 수 없다.

사용방법
1. 전원을 켜면 'HOME'의 시작화면이 나오고 좌측부터 소스변경, AV, 현재위치, 목적지 검색이 보인다.

2. 목적지 검색을 선택하면, 위치를 찾는 여러 방법이 나온다.

▶명칭
관광지나 숙소의 명칭으로 찾는 방법이지만 정확한 숙박업소의 이름도 모르는 경우가 많아서 많이 사용하지 않는 방법이다.

▶주소
주소를 알면 정확한 위치를 알 수 있지만 일본어로 입력을 해야 하기 때문에 일본어를 쓸 수 있는 여행자가 사용할 수 있다.

▶번호
정확한 목적지의 위치를 찾으려면 전화번호를 입력하면 된다.

▶MAP Code
일본어를 몰라도 네비게이션을 쉽게 사

용할 수 있어 편리하다. 미리 해시태그 가고시마에 나와 있는 맵코드를 보고 편리하게 사용하자.

3. 맵코드의 번호를 확인하여 입력한다.
4. 지도를 보면서 목적지로 Go Go!! 한글 음성이 가능한 네비게이션이면 더욱 편리하게 운전할 수 있다.

가고시마 도로상황

가고시마의 도로는 일부 비포장도로와 폭이 좁은 도로를 제외하면 운전하기가 편하다. 왕복 2차선 도로로 시속 90㎞정도의 속도를 낼 수 있다. 대한민국과 운전대의 방향이 다른 상태에서 운전을 하기 때문에 속도를 높여서 운전할 일은 별로 없다. 가고시마에는 일부 오프로드가 있고 그 오프로드는 운전을 피하는 것이 사고를 막는 방법이다.

도로운전 주의사항

렌트카로 여행할 때 걱정이 되는 것은 도로에서 "사고가 나면 어떡하지?"하는 것이 가장 많다. 지금, 그 생각을 하고 있다면 걱정일 뿐이다.

가고시마의 도로는 시내를 빼면 차량의 이동이 많지 않고 제한속도가 90㎞로 우리나라의 100㎞보다 느리기 때문에 운전 걱정은 하지 않아도 된다. 도로에 차가 많지 않아 운전을 할 때 차량을 보면 오히려 반가울 때도 있다.

운전을 하면서 단속 카메라도 신경을 써야 할 것 같고, 막히면 다른 길로 가거나 내 차를 추월하여 가는 차들이 많아서 차선을 변경할 때도 신경을 써야 할 거 같지만 단속카메라도 거의 없고 과속을 하는 차량도 별로 없다.

처음 운전을 하면서 가장 많이 하는 실수는 우리나라와 반대로 방향등과 조명 레버가 오른쪽에 와이퍼 조절은 왼쪽에 있어 반대로 조작하는 경우이다. 그래서 대부분 습관적으로 깜박이를 넣으면 와이퍼가 움직이게 된다.

도로의 폭이 좁아서 정면에서 트럭이나 큰 차량이 오면 옆으로 붙여서 정지하고 큰 차량이 이동하고 나서 출발하면 사고가 나지 않는다. 대부분의 사고는 3가지 경우이다.

1. 일본에서는 정지선이 나오고 빨간색 신호등이라면 무조건 정차해야 한다. 우리나라는 우회전하는 경우에 멈추지 않고 운전을 하여 지나가지만 일본에서는 '무조건 정차'라는 사실을 인지해야 사고가 나지 않는다.

2. 우리나라와 반대로 자동차는 좌측 통행인 것이다. 좌측 운전이라는 것은 인지하고 있어 문제가 없지만 주차장에서 나올 때 차량에 시동을 걸고 주차장을 나올 때 반대인 것을 깜박하고 사고를 내는 경우가 많다.

주유소 이용하기

주유소는 가고시마 전체에 균일하게 분포되어 있으므로 운행 중에 쉽게 이용이 가능하다. 가고시마에 많이 있는 주유소는 "ENEOS"이다. 요금은 1L당 130엔 정도로 우리나라와 비슷하다. 렌트카를 반납할 때는 렌트카반납 전에 주유소에서 차량의 기름을 가득 채워 반납하는 것이 이익이다.

사고 발생 시 대처방법

사고가 발생하면 차량만 파손이 된 것인지, 사람까지 다쳤는지를 확인해야 한다. 차량만 파손이 되었으면 렌트카 사무실로 연락하여 대처요령을 받는 것이 편리하다. 렌트카를 대여해주는 영업소에는

대부분 한국어 사용이 가능한 직원이 있다. 만약 큰 사고라면 반드시 경찰에 신고를 해야 한다.

렌트카 차량 받는 방법
1. 렌트카 사무실에 도착하여 예약확인서, 국제 운전면허증, 여권을 제시한다.
2. 렌트카 사무실에서 복사를 하고 차량에 대한 설명을 듣고 보험에 대한 설명까지 꼼꼼히 듣고 체크하고 요금을 지불한다.
3. 차량으로 이동하여 직원과 함께 차량 상태를 체크하는데 차량의 내, 외부를 자세히 확인해야 한다.
4. 네비게이션 사용방법까지 알려주므로 자세히 설명을 듣는다.
5. 이제 출발~~~

렌트카 차종 선택
가고시마는 평균 속도가 느리고 좁은 도로가 많아 경차를 선택하는 것이 좋다. 일본은 경제성이 뛰어난 경차를 더 선호하므로 렌트를 한다고 중형차를 선택하는 것은 좋은 선택이 아니다.

일본의 렌트카 상식 'わ'

대한민국의 렌트카 앞에는 허1988처럼 번호 앞에 '허'가 붙지만 일본의 렌트카는 번호 앞에 わ(와)가 붙는다.

핵심도보여행

관광지는 대부분 중앙역과 덴몬칸(天文館) 근처 거리에 몰려 있어서 대부분의 관광지는 걸어서 여행이 가능하다. 가고시마의 중앙역에 숙소를 정했다면 에뮤플라자부터 여행을 시작하면 된다. 중앙역에서 덴몬칸까지 20∼30분 정도가 소요되기 때문에 어디서 여행을 출발해도 문제가 되지 않는다. 중앙역은 신칸센으로 가면 이 기차가 가고시마역의 마스코트 같은 역할을 한다.

중앙역 옆에는 아뮤(アミュ)플라자 6층에 최대 높이 91m의 대관람차 아뮤란(アミュラン)이 있다. 가고시마에서 촬영하는 영화에서 자주 나온다. 주로 연인이나 가족 관광객이 주로 이용하지만 이용객이 많지는 않은 편이고 아침과 야경으로 볼만하다.

아뮤(アミュ) 플라자에서 나와 왼쪽으로 횡단보도를 건너면 먹자골목처럼 니시긴자Nisiginza의 거리가 나온다. 이곳에는 우리의 홍대보다는 작고 신촌의 먹자골목 같다. 중앙역 건너편에는 이온Aeon 건물이 있는데 왼쪽으로 걸어가면 선술집

낮과 밤의 중앙역

이 모인 야타이촌(やたいむら)이 있다. 야타이촌(やたいむら)이 오히려 일본의 분위기가 있는 곳으로 작은 테이블과 의자에서 다닥다닥 달라붙어 술과 안주를 이야기하면서 밤 시간의 분위기를 내기에 좋다.

고쓰이 강변

오쿠보 도시미치 상

야타이촌(やたいむら)에서 더 직진하면 고쓰키 강이 나오는데 강변에 오쿠보 도시미치(大久保通銅像)상이 있다. 가고시마 시민들이 문화를 즐기는 공원이 같이 있어 겨울을 제외하면 항상 시민들로 북적인다.

고쓰키 강에서 덴몬칸(天文館)까지 걸어서 15∼20분 정도 소요된다. 상가들이 도로를 따라 있고 전차와 버스 등이 왔다 갔다 한다. 덴몬칸은 각종 축제와 가고시마의 심장과 같은 곳이었다. 하지만 2009년 덴몬칸(天文館)에 있던 미쓰코시 백화점이 문을 닫으면서 지금까지도 옛 번화가의 입지를 회복하지 못했다. 그런데 번화가로 다시 회복하는 것이 덴몬칸(天文館) 뒷골목이 환락가로 변화는 것 같아 힘들 것 같아 보이기까지 한다. 덴몬칸(天文館) 아케이드는 밀라노의 실내 쇼핑가처럼 상점들이 밀집해 있다. 입구에 쇼핑을 위한 면세점이 있어 많은 관광객들로 붐비고 있다.

덴몬칸

덴몬칸(天文館) 지역에서 가장 먼저 보아야 할 곳은 자비엘(ザビエル) 기념비이다. 자비엘 공원 (ザビエル公園)안에 있는 자비엘 기념비는 처음에 찾기가 쉽지 않다. 덴몬칸 아케이드를 지나오면 정면에 중앙공원이 나오는데 먼저 아케이드에서 왼쪽으로 돌아 2블럭을 가면 작은 자비엘 공원과 자비엘 기념비가 있다. 거리가 멀지 않아 아케이드에서 돌아가는 것이 찾기가 쉽다.

자비엘(ザビエル) 기념비

중앙공원

현립박물관   데루쿠니신사

다시 중앙공원으로 돌아와 중앙공원과 뒤에 있는 현립박물관, 데루쿠니신사를 이어서 본다. 데루쿠니신사에서는 시미즈 나리아키라(島津斉彬銅像), 시마즈다다요시(島津久光銅像), 시마즈히사미쓰(島津忠義銅像) 의 동상을 보고 도로로 나와 단쇼엔을 봐야 한다. 이 동상의 인물들은 메이지유신과 관련한 인물이다. 단쇼엔에서 중앙공원으로 돌아와 중앙공원 오른쪽 거리가 역사와 문화의 길로 만들어 메이지유신을 학생들에게 가르치고 있다. 역사와 문화의 길 처음이 메이지유신의 주역인 사이고다카모리(西郷隆盛銅像) 동상이 있고 시립미술관이 있어 학생들의 견학이 항상 있는 장소이다.

육교를 건너면 가고시마 가고시마근대문학관(かごしま近代文学館), 가고시마메르헨관(かごしまメルヘン館), 쓰루마루 성터와 역사자료센터인 레메칸(黎明館)이 같이 있고 덴쇼인 상(天璋院(篤姫)像)이 사거리 모퉁이에 있다. 왼쪽으로 돌아 조금만 올라가면 사쓰마의사비(薩摩義士碑)가 나오는데 이곳으로 이어진 계단을 통해 시로야마 전망대(城山展望坮)를 올라갈 수 있다. 시로야마 전망대를 가려면 시로야마(城山) 도로를 통해 올라가는 방법과 산책길을 통해 올라가는 방법이 있다. 아니면 JR, 시티뷰버스City View Bus를 타고 갈 수도 있다. 시로야마 전망대에서 사쿠라지마(桜島, さくらじま) 화산과 가고시마 시내를 모두 볼 수 있어 꼭 가봐야 하는 관광지이다.

시립박물관

가고시마메르헨관

가고시마 중앙역
鹿兒島中央易

우리나라의 서울역과 비슷한 장소로 JR 등의 역뿐만 아니라 쇼핑몰, 버스 환승장, 택시가 몰려 있다. 가고시마의 중심은 덴몬칸(天文館)이었지만 2009년 미쓰코시 백화점이 망한 후부터 2010년대에 중앙역부터 개발이 되어 지금은 중앙역이 쇼핑 및 생활의 중심이 되었다.

시민플라자(1F)

먹자골목

서쪽 출입구

환승용 주차장

입체주차장

미니리노 창구

종합관광안내소

유료 물품 보관함

입체주차장

자전거주차장

아뮤플라자 가고시마

이이치방가이
잇도

사쿠라지마 출입구(동쪽 출입구)

환승용 주차장

가고시마 추오에키마에 승장장

난고쿠센터 빌딩

난고쿠교통 버스터미널

난코투교통 버스터미널

화장실 계단 장애인용 화장실 엘리베이터 장애인 주차구역

에스컬레이터 택시 종합관광안내소 주차장 자전거 주차장 버스주차장

No.	버스 주용 행선지	No.	버스 주용 행선지
東 1	도착편	東 14	사쿠라가오카 덴포잔 등
東 2	덴몬칸 다이묘가오카 등	東 15	요지로 현청 가모이케항 직행편(가노아) 등
東 3	덴몬칸 요시노공원 등	東 16	마쿠라자키 기세다 이부스키 지란 등
東 4	시티버스 도시순회버스	東 17	메이와 나가요사(가고시마아레나) 등
東 5	덴몬칸 수족관 가고시마역 사쿠라지마페리 돌핀포트 등	東 18	공항버스 출발
東 6	덴몬칸 수족관 가고시마역 사쿠라이자페리 등	東 19	고속버스 출발도착(오사카(난바))
東 7	이시키 고리야마 아리키 등	東 20	도착편
東 8	정기관광버스	東 21	고속버스 출발도착(후쿠오카/나가사키/이아자키/구마모토/오이타)
東 9	정기관광버스	東 21	공항버스 출발도착
東 10	도착편	東 22	도소 무라사키바루 사이고단지 등
東 11	다테바바 사카모토 요시다 등	東 23	고속버스 출발도착(후쿠오카)
東 12	다테바바 시로야마단지 등	西 1	메이와순환선
東 13	요시노 우에노하라 등	西 2	도착편

가고시마 중앙역

종합관광안내소 (2층)

아뮤플라자 가고시마

니시긴자

젊은 사쓰마의 군상

난고쿠교통 버스터미널

칸세빌딩

아침시장

오쿠보 동상

가곳마 후루사토야타이무라

기이치(묘목시장)

교켄공원

사이고 난슈옹 저택터

역사의 길 〈유신후추사토의 길〉

관광교류센터

오쿠보 도시미치 성장지

구로키 다메모토 탄생지

이신후루사토관

다카시마 도무노스케 탄생지

무가저택

사이고 다카모리 주도 탄생지

도모 헤이하치로 탄생지

오야마 이와오 탄생지

요사이 도모시네 탄생지

이노우에 요시카 탄생지

시노하라 구니모토 저택터

오쿠보 도시미치 탄생지

우시지마 미쓰루 성장비

한눈에 가고시마 시내 파악하기

가고시마의 관광지는 가고시마 중앙역에서 전차나 시내버스를 이용해 갈 수 있다. 시로야마 주변 등 시내를 도는 복고풍 버스인 가고시마 시티 뷰는 1회 180￥(1일 승차권은 700￥)이고 30분 간격으로 운행된다.

가고시마는 만을 따라 남북으로 길게 뻗어 있는 남 규슈의 도청소재지이다. 2개의 JR역 중 대표적인 기차역은 남쪽의 니시가고시마(西鹿児島)역이다. 미나미규슈 최고의 번화가로 불리는 덴몬칸도리(天文間通り)는 음식과 쇼핑을 즐길 수 있다. 대표적 관광지인 이소테이엔은 가고시마의 배경을 이루는 언덕에 있다.

가고시마 중앙역에서 전차로 7분 정도 가다가 덴몬칸도리(天文間通り)에서 하차하여 걸어 다니면 된다. 사쿠라지마는 전차나 버스로 산바시까지 가서 사쿠라지마 페리를 타면 약 15분정도 소요된다.(180￥)

기무라 단겐 탄생지

사쓰마의사 묘

공원

대관람차 아뮤란
アミュラン

중앙역 옆에는 아뮤플라자 6층에 최대 높이 91m의 대관람차 아뮤란(アミュラン)이 있다. 가고시마에서 촬영하는 영화에서 자주 나온다. 주로 연인이나 가족 관광객이 주로 이용하지만 이용객이 많지는 않은 편이다. 관람차는 2000년 밀레니엄 프로젝트로 영국의 런던아이가 설치되어 대성공을 이룬 이후에 전 세계의 많은 도시들이 만들어 운영하고 있다. 아뮤란도 그 중에 하나인데 아뮤란은 아침과 야경으로 볼만하다.

관람시간_ 10~23시
관람비_ 500¥

젊은 사쓰마의 군상
鎖國時代の留學生

1865년 사쓰마 번이 비밀리에 파견한 일본 최초의 유학생 19명의 젊은이들을 기념하기 위한 동상이다. 동상에는 17명이 세워져 있는데 사쓰마에서 살지 않았던 2명은 제외되어 있다. 1863년 사쓰에이 전쟁에서 패한 사쓰마 번은 유럽 문명에 대항할 수 없다는 것을 깨닫고 서양문화와 문물에 대한 우수성을 실감해 영국에 유학생과 외교 사절단을 파견했다.

이 젊은이들이 일본의 근대화에 활용되었다. 당시에도 막부시기였기 때문에 해외 유학을 갈 수 없었지만 사쓰마 번은 목숨까지 걸고 용기 있는 결단을 내렸다. 이들은 적극적인 열정을 가지고 역사를 크게 전화시키는 근대화의 원동력이 되었다.

아뮤 플라자 가고시마
AMU PLAZA KAGOSHIMA

JR 규슈에서 직업 운영하고 있는 쇼핑몰
로 JR 가고시마 중앙역 오른쪽에 문을 열
었다. 지하 1층, 지상 6층 규모의 건물 외
벽에는 아뮤 비전이라고 부르는 대형 전
광판이 있고, 6층에는 건물 높이보다 더
큰 규모를 자랑하는 대관람차인 아뮤란
이 있다.
지하 1층에는 백화점 지하와 비슷한 분위
기의 푸드 코트가 있고 1~4층에는 패션
잡화와 화장품 등이 5층에는 레스토랑들
이 전문적으로 들어서 있는데 5층으로 많
은 젊은이들이 주로 찾는다. 6층에는 극
장가가 들어서 주로 젊은이들을 대상으
로 운영하고 있다.

홈페이지_ www.amu-kagosima.com
주소_ 鹿兒島市中央町1-1
영업시간_ 10~21시(5층 식당가 11~23시)
전화_ 099-247-1551

니시긴자
Nisiginza

니시긴자Nisiginza 거리는 우리의 홍대보다
는 작고 신촌의 먹자골목 같다. 중앙역 건
너 왼쪽으로 야타이촌(やたいむら)은 옛

분위기가 있다면
니시긴자는 현대적
인 분위기이다. 저
녁에 주로 문을 여
는 술을 먹을 수 있
는 이자카야들이
모여 있는 골목거
리이다. 직장인들이 삼삼오오 모여 술을
마시고 있다. 관광객은 거의 없어 어디를
가도 일본어를 하지 않는다면 쳐다본다.
가고시마 시민들의 분위기를 만끽하고
싶다면 추천한다.

주소_ 鹿兒島 西礶座通リ

고쓰키 강변
こすき 江邊

가고시마의 중앙을 흐르는 고쓰키 강에는 역사의 길이 있는 유신후루사토칸 (維新ふるさと館)도 있고 아침, 저녁으로 산책을 즐기는 시민들을 볼 수 있다. 메이지유신 때에는 이 강변을 중심으로 가고시마의 시민들이 살고 있었다.

고쓰키 강변의 벚꽃

가고시마의 중심부를 흐르는 고쓰키강이 봄에는 약 500그루의 벚꽃이 만발해 밤 10시까지 벚꽃을 감상할 수 있다. 4월초 강변을 물들이는 '사쿠라아카리페스타'가 개최되고 3월 중순부터 묘목시장이 열려 시민들이 모여든다.

가고시마 중앙역

타카미바시

↑ 가고시마 중앙역 방향

코츠키 강

나포리 거리

● 오쿠보 토시미치 동상

● 오쿠보 토시미치 성장지

● 유신 후루사토칸

오야마 탄생지

토고 해이하치로 탄생지

사이고 타카모리 쓰구미치 탄생지

코라이바시

야타이촌
やたいむら

중앙역 건너편에는 이온Aeon 건물이 있는데 왼쪽으로 걸어가면 포장마차가 모인 야타이촌(やたいむら)이 있다. 야타이촌(やたいむら)이 오히려 일본의 분위기가 있는 곳으로 작은 테이블과 의자에서 다닥다닥 달라붙어 술과 안주를 이야기하면서 밤 시간의 분위기를 내기에 좋다. 현지에서 선정된 25곳의 실내 포장마차가 모여 매력이 넘치는 곳으로 가고시마의 먹거리를 저렴하게 즐길 수 있기 때문에 시민들과 관광객이 섞여 활기찬 분위기를 연출한다.

포장마차촌인 야타이(やたい)촌은 가고시마 중앙역 정면에서 왼쪽으로 2~5분만 걸어가면 나온다. 20여개의 포장마차가 하나의 집단촌을 만들어 매일 밤 손님들을 기다리고 있다. 안주와 함께 술을 서로 걸치면서 하루의 피로를 풀고 있는 야타이(やたい)촌은 여행자에게도 일본의 새로운 문화를 접할 수 있는 장소이다. 가고시마의 명물로 자리잡고 있는 야타이(やたい)촌에 대해 알아보자.

일본어를 못해 주문하기가 힘들지 않을까 걱정할 필요도 없다. 사진으로 술과 안주는 충분히 어떤 안주인지 알 수 있다.

홈페이지_ www.kagoshima-gourmet.jp
주소_ 鹿児島県鹿児島市中央町 6-4
위치_ 가고시마중앙역 동쪽출구에서 도보 5분
영업시간_ [월/화/목/금] 17:00~익일1:00
　　　　　[수/토/일] 11:00~14:00/17:00~익일1:00
전화_ 099-255-1588

かごっま屋台村 まるごと

1 黒豚横丁
- 🕐 11:00～14:00, 18:00～24:00
- ¥ 昼食：600円、夕食：1,500円
- 📞 099-255-1588 (+81-99-255-1588)

2 のぶ庵
- 🕐 月：12:00～14:00/17:00～25:00
  火～土：17:00～25:00
- 📞 099-255-1588 (+81-99-255-1588)

3 衣食汁
- 🕐 月：12:00～14:00/17:00～24:00
  火～土：17:00～24:00
- 📞 099-255-1588 (+81-99-255-1588)

4 まっぽし
- 🕐 月：12:00～14:00/17:00～25:00
  火～土：17:00～25:00
- 📞 099-255-1588 (+81-99-255-1588)

5 お野菜王国
- 🕐 月：12:00～14:00/17:00～25:00
  火～土：17:00～25:00
- 📞 099-255-1588 (+81-99-255-1588)

6 くろころや
- 🕐 月：12:00～14:00/17:00～25:00
  火～土：17:00～25:00
- 📞 099-255-1588 (+81-99-255-1588)

7 さくら屋
- 🕐 月：11:30～14:00/17:00～24:00
  火～土：17:00～24:00
- 📞 099-255-1588 (+81-99-255-1588)

8 せいせん
- 🕐 月：12:00～14:00/17:00～25:00
  火～土：17:00～25:00
- 📞 099-255-1588 (+81-99-255-1588)

9 たるみず
- 🕐 月：12:00～14:00/17:00～24:00
  火～土：17:00～24:00
- 📞 099-255-1588 (+81-99-255-1588)

10 籠ノ島
- 🕐 月/木/金：11:30～14:00/17:00～24:00
  土～水：17:00～24:00
- 📞 099-255-1588 (+81-99-255-1588)

11 日置蔵
- 🕐 時：12:00～14:00(L.O 13:30),
  17:00～25:00
  水～月：17:00～24:00
- 📞 099-255-1588 (+81-99-255-1588)

12 うっしっしい～
- 🕐 月～金：18:00～24:00
  土：12:00～14:00/18:00～24:00
- 📞 099-255-1588 (+81-99-255-1588)

| 입장순서 | ① 직원이 안내하는 자리에 자리를 잡는다. |

입장순서	① 직원이 안내하는 자리에 자리를 잡는다. ② 술을 먼저 주문하고 안주는 나중에 주문한다. ③ 안주는 저렴하지 않고 양이 적어서 1인당 1개의 안주를 주문하는 것이 좋다.
야타이촌 인기메뉴	다마고야키(たまこやき) : 일본식 달걀말이 데바사키(てばさき) : 닭 날개 구어 야키토리(やきとり) : 일본식 닭꼬치 교자(敎子) : 일본식 군만두 멘타이고야키(明卵子焼き) : 구운 명란

13 鷲尾
월/수 : 12:00~14:00, 17:00~24:00
화/목/금 : 17:00~24:00
토/일/월 : 15:00~24:00
099-255-1588 (+81-99-255-1588)

14 こころ
목/금 : 12:00~14:00/17:00~24:00
토~수 : 17:00~24:00
099-255-1588 (+81-99-255-1588)

15 はま田
12:00~14:30/18:00~24:00
099-255-1588 (+81-99-255-1588)

16 SATSUMA
화 : 12:00~14:00/17:00~24:00
수~월 : 17:00~24:00
099-255-1588 (+81-99-255-1588)

17 Zen-shin
월 : 12:00~14:00/18:00~25:00
화~일 : 18:00~25:00
099-255-1588 (+81-99-255-1588)

18 愛加那
수~토 : 12:00~14:00/17:00~24:00
월~수 : 17:00~24:00
099-255-1588 (+81-99-255-1588)

19 大隅くわん家
수/토 : 12:00~14:00/17:00~24:00
일~화/목~수 : 17:00~25:00
099-255-1588 (+81-99-255-1588)

20 TAGIRUBA
수~금 : 11:30~14:00/17:00~25:00
토~일/월~화 : 11:30~14:00/15:00~25:00
099-255-1588 (+81-99-255-1588)

21 ふいっしゅばーど
목~월 : 15:00~24:00
화/수 : 22:00~24:00
099-255-1588 (+81-99-255-1588)

22 奄美ちゃんぷる
월~목 : 17:00~25:00
금~일 : 12:00~14:00/17:00~26:00
099-255-1588 (+81-99-255-1588)

23 八木男
수 : 18:00~24:00
목~화 : 12:00~15:00/18:00~24:00
099-255-1588 (+81-99-255-1588)

24 じゅ~まる
월 : 17:00~24:00
화~일 : 12:00~14:00/17:00~24:00
099-255-1588 (+81-99-255-1588)

25 ぶえんもゆかり
월~목 : 17:00~24:00
목~토 : 12:00~14:00/17:00~24:00
099-255-1588 (+81-99-255-1588)

유신후루사토관
維新ふるさと館

메이지유신의 역사와 문화 등을 첨단 기술을 이용해 소개하고 있는데 메이지유신의 '마담투소'같은 느낌이다. 가고시마에서 시작된 메이지유신에 대한 내용을 널리 알리기 위해 지하 1층의 유신 체험홀에서 사이고 다카모리(西郷隆盛)와 오쿠보 도시미치(大久保利通) 같은 유신의 중심인물들을 실물크기 로봇과 영상으로 만들어 약 25분 동안 드라마로 상영한다. 또한 가고시마와 연관된 인물들을 소개하고 있는데 대부분의 방문객은 학생이다.

주소_ 鹿兒島市加治室町23-1
위치_ JR가고시마 중앙역에서 10~15분 정도
　　　걸어서 이동
관람시간_ 09~17시
요금_ 300¥(초, 중학생 150¥, 단체 240¥)
전화_ 099-239-7700

역사의 길

에도시대 막부 말기의 사쓰마를 알 수 있는 고쓰키 강변의 녹지에 역사 산책 장소이다. 중앙역 건너 버스터미널로 시원하게 뚫려있는 나폴리 거리는 역사의 길이자 유신후사토의 길로 주역이 태어나 살던 고쓰키 강과 만나 학생들의 견학장소로 유명한 길이다.

관광교류센터에서 지도를 구해 가도 되지만 단순히 일자로 된 거리이기 때문에 걸어가면서 다 보게 된다. 무가저택, 이로하우타의 광장, 이신후루사토관, 사이고 다카모리, 주도 탄생지의 비석이 있다.

가지야초

가고시마에는 무사들의 거주지가 몇 개의 지역으로 나뉘어 있었다. 거주지의 통합을 '고주 또는 호기리'라고 불렀다. 각 지역에 형성된 청소년의 교육기관을 고우노아이쥬를 생략해 '고주'라고 불렀다. 막부말기부터 메이지시대에 걸쳐 위인을 많이 육성한 것으로 알려져 있다.

무가저택

고쓰기 강변의 시다가지야초는 막부 말기부터 메이지시대에 걸쳐 활약한 사이고 다카모리 등의 하급무사들의 거주지였다. 시다가지야초에는 70가구 정도의 집에 하급무사가 거주하고 있어 당시의 저택은 '후타츠야'하고 부르는 주거형태였다.

후타츠야는 거실을 중심으로 한 예절을 중요하게 생각하는 '오모테'와 부엌 등의 일상을 위한 '나카에'가 가까이 있고 지붕은 둘이면서 방은 하나로 이어진 특징을 가지고 있다. 당시 지붕은 주로 지푸라기나 억새로 덮었다. 하급무사의 생활은 충요롭지 못해 쌀을 주식으로 매일 먹을 수 없었고 부업으로 우산의 뼈대를 만들거나 특산물인 빗을 만들거나 농사를 도와 연명했다고 한다.

이로하우타의 광장

1827년 사쓰마번의 하급무사 집안에서 태어난 사이고 다카모리는 장관을 역임하였고 현재 탄생지는 시민들이 쉴 수 있는 공원이 되어 있다.

차호 시모도조노(CHAHO SHIMODOZONO/下堂薗 茶舗)

가고시마 중앙 터미널 빌딩 1층에 있는 아기자기한 카페이다. 알록달록한 조명이 일본 같지 않은 분위기를 연출한다. 색상이 다른 각종 차를 마실 수 있어 날씨가 좋지 않으면 더욱 찾아갈만한 곳이다. 긴조차(吟釀茶)에서 만든 유기농 녹차도 은은한 색이 마시기 전부터 사람의 마음을 안정되도록 한다. 대부분 이 차들은 디저트와 같이 곁들여 먹으면 디저트의 달달함을 잡아준다.

▶주소 : 鹿児島県鹿児島市中央町11-1
▶전화 099-822-5100
▶영업시간 11:00~18:00 / 휴무 매달 첫 번째 수요일

EATING

이치니상
いちにさん

가고시마 흑돼지로 만든 쿠로부타 샤브샤브나 스키야키 정식이 유명한 이치니상은 가고시마 시내에 여러 점포가 있다. 가장 접근성이 좋은 곳 중 하나가 중앙역 아뮤플라자에 있는 이치니상이다. 샤브샤브가 흑돼지고기가 유명한 가고시마에서 국물이 한기를 막아주는 맛은 정말 일품이다.

위치_ 아뮤플라자 가고시마 5F 1–1
전화_ 099–252–2123

카와큐
Kawakyu

중앙역 근처의 나카스도리(中央通)는 먹자골목으로 생각하면 이해가 쉽다. 이곳에 몰려있는 식당과 술집들 중에서 돈가스가 유명한 곳이다. 흑돼지 돈가스가 주메뉴로 두툼한 고기가 부드럽게 목을 타고 넘어간다. 등심 돈까스가 두텁게 비계까지 들어가는 모습에 한 입 먹어보면 부드럽게 입안에 녹는 것이 돼지고기가 이렇게 부드러울 수 있는지 의심이 간다. 돼지고기 부위와 등급에 따라 가격이 다른데 중간정도의 등급이라도 충분히 맛난 돈까스를 즐길 수 있다.

주소_ 中央易 21–13
전화_ 099–255–5414

돈카츠 쿠로가츠테이
黑かつ亭

고기가 두툼하여 튀김옷이 붙어는 있을
까라는 생각이 들지만 베어 물면 튀김옷
이 있는 겉은 바삭하고 속의 고기는 부드
럽고 담백한 고기 맛에 놀란다. 흑돼지의
육질이 살아있는 돈가스로 관광객뿐만
아니라 가고시마 시민들에게도 사랑받고
있다. 다만 바닥이 끈적거리는 느낌이 들
어 싫어하는
사람도 있다.

주소_ 中央昜 16-9
영업시간_ 11~15:30, 17~22시(연중무휴)
전화_ 099-285-2300

카와미
かわみ

고쓰키(甲月川) 강변에 위치한 현지인들
이 추천하는 맛집으로 당일 들어온 생선
으로 회, 구이, 조림 등과 덮밥, 튀김, 전
골 등을 만들어 재료가 신선해 기본적인
맛이 나오는 가게이다.
점심식사에 나오는 돈가스, 크로켓 등의
정식 메뉴도 인기가 높다. 23시까지 영업
을 하기 때문에 식사와 술을 동시에 할
수 있다.

주소_ 鹿兒島市中央町 5-11, 890-0056
영업시간_ 11:00~14:30, 18~23시
요금_ 돈가스 900¥, 회 2,200¥
전화_ 099 802 4266

자판기 천국

자판기 문화가 발달된 나라 일본. 담배 자판기, 잡지 자판기 등 특이한 자판기가 많이 보급돼 있는 곳이 일본이다. 가고시마에서도 역시나 특이한 자판기 하나를 발견했다. 이런 것이 여행의 소소한 재미랄까. 아이스크림은 슈퍼마켓에서만 사서 먹을 수 있다는 편견을 깨주는 '아이스크림' 자판기가 신기하다.

About 메이지 유신

일본의 정치, 경제, 사회를 근대화로 뒤바꾼 혁명

선진자본주의 열강이 제국주의로 이행하기 직전인 19세기 중반, 일본 자본주의 형성의 전환점이 된 과정으로 그 시기는 대체로 1853년에서 1877년 전후로 잡고 있다. 1853년 미국의 동인도함대 사령관 M.C.페리 제독이 미국 대통령의 개국(開國) 요구 국서(國書)를 가지고 일본에 왔다. 에도 막부가 서양의 개항 압력에 견디지 못하고 쿠로후네 사건으로 조약을 체결하자, 이에 반발한 막부 타도 세력과 왕정복고 세력에 의해 막부가 무너지고(1867년의 대정봉환) 덴노 중심의 국가로 복고된 대사건을 말한다. 대개 개시 시기는 메이지 연호가 시작된 1868년으로 본다. 메이지 유신이라는 말은 현대에서 쓰이는 역사 용어이다.

1854년 미·일 화친조약에 이어 1858년에는 미국을 비롯하여 영국·러시아·네덜란드·프랑스와 통상조약을 체결하였다. 이 조약은 칙허 없이 처리한 막부(幕府)의 독단적 조약이었기 때문에 반 막부세력(反幕府勢力)이 일어나 막부와 대립하는 격동을 겪었다. 그러다가 700여 년 내려오던 막부가 1866년 패배하였고, 1867년에는 대정봉환(大政奉還)·왕정복고가 이루어졌다.

메이지 정부는 학제·징병령·지조개정(地租改正) 등 일련의 개혁을 추진하고, 부국강병의 기치를 내걸고 서양의 근대국가를 모델로, 국민의 실정을 고려하지 않는 정부주도의 일방적 자본주의 육성과 군사적 강화에 노력하여 새 시대를 열었다. 메이지유신으로 일본은 근대적 통일국가가 형성되었다. 경제적으로는 자본주의가 성립하였고, 정치적으로는 입헌정치가 개시되었으며, 사회·문화적으로는 근대화가 추진되었다. 또, 국제적으로는 제국주의 국가가 되어 천황제적 절대주의를 국가구조의 전 분야에 실현시키게 되었다.

전개 과정
분명히 당초 목표는 왕정복고를 하면서 막부를 타도하고 고메이 덴노를 중심으로 쇄국을 진행하자는 것이었다. 그런데 중간에 방향이 바뀌어 사쓰마의 코마츠 타테와키의 샤쵸 동맹 → 사토 맹약 → 사카모토 료마의 신정부 강령에 따라 도쿠가와 막부를 타도한 직후에 전면 개국의 변형된 방향이 되었다.

이유
정변을 주도한 것은 사츠마와 조슈 두 번으로 막부와의 합류를 원하여 잔류하고 있었던 사쓰마는 번 소속의 무사가 사소한 외교상 결례를 이유로 영국 상인을 살해한 것이 계기가 되어 사쓰에이 전쟁이 발발하였다. 그 이후로 반막부 세력(신정부군)과 영국 상인들 만으로의 무구(武具), 조선(造船) 통상을 시작하게 되었다.

사쓰마와 다르게 조슈는 막부 토벌정신으로 일관하여 존왕양이 의식을 일으키고 1864년에는 아예 시모노세키를 항해하는 4개 국가의 양선(미국, 영국, 프랑스, 네덜란드)에 발포하기까지 했으나, 곧 열강의 보복으로 국력의 격차를 실감하고 개국만이 유일한 해결책임을 깨닫게 되었다.

전면 개항을 한 것은 사실 일본 막부 체제하에서 어느 정도 서양화가 이뤄졌지만, 화혼양재라는 명목 하에 그다지 큰 성과를 내지 못했다. 서양에 이와쿠라 토모미, 이토 히로부미 등 대규모 사절단을 파견하여 직접 견학하고 많은 것을 배워왔다. 이들은 전면 개방 외에는 답이 없다는 것으로 결론을 내리고, 폐번치현, 신분제 폐지, 국민개병제 등 전면적인 서양화에 착수했다. 구 체제 하에서 개방을 추진했던 청나라와 조선은 모두 개혁에 실패하였다. 그 후, 청나라는 반식민지 종속국이 되었고, 조선은 일본에 강제 합병을 당하였다.

물론 일본에서도 사가 번 → 히고(구마모토) 번 → 아키쓰키 번 → 조슈 번 순으로의 사족 반란이 들이닥쳤다. 그 이후로도 정한론 무산 결과와 산발탈도령(단발령+폐도령)에 항거한 사쓰마 번 무사들은 특권 계급의 지위를 유지하기 위해 사이고 다카모리를 중심으로 뭉쳤고, 이들이 일으킨 반란이 바로 서남전쟁(현재까지로의 일본 열도의 마지막 내전)이다.

메이지유신을 완성한 일본은 서양에 대한 굴욕적 태도와는 달리 아시아 여러 나라에 대해서는 강압적 · 침략적 태도를 취했다. 1894년의 청일전쟁 도발, 1904년의 러일전쟁의 도발은 그 대표적인 예이며, 그 다음 단계가 무력으로 조선(대한제국)을 병합한 것이다.

이러한 군국주의의 종말은 1937년에는 중일전쟁을 유발하였고, 1941년에는 미국의 진주만(眞珠灣)을 공격함으로써 태평양전쟁을 일으켜, 독일 이탈리아와 함께 제2차 세계대전에 참여하였다. 그 결과 1945년 히로시마(廣島)와 나가사키(長崎)에 역사상 최초의 원자폭탄이 투하되는 비극을 초래되었다.

가고시마 가라이모(唐芋) Best 3

가라이모(唐芋)는 고구마를 일컫는 일본어이다. 사츠마이모(サツマイモ), 가라이모(唐芋)는 모두 고구마를 뜻한다. 가라이모는 가고시마 여행에서 많이 구입하는 품목으로 시내를 걷다보면 한번은 찾아가는 곳이다.

와쿠카 가라이모 본점 (和風募からいも)

천혜의 자연환경으로 둘러싸인 가고시마는 고구마 생산지로 유명하여 고구마와 관련된 먹을 거리가 많은데 과자, 케이크, 빵 등 많은 달콤한 행복을 느낄 수 있는 가고시마의 명물로 중앙역 정면에 있어 찾기도 쉬워서 미리 구입을 못했어도 공항버스를 기다리면서 구입이 가능하다. 너무 달다고 하는 사람도 있지만 나이 드신 분들은 매우 좋아하므로 부모님 선물로 좋다.

주소_ 鹿児島中央易 1-1
영업시간_ 09~21시
전화_ 099-239-1333

덴몬칸 페스티바로 (天文館フェスティバロ)

페스티바로는 다른 가라이모월드처럼 일본 전통과자를 파는 곳으로 유명하다. 1층은 매장 2층은 카페로 되어있는데 메인 상품은 가라이모 레어케이크 라브리(러블리)이다. 미나미후(みなみ風)농장에서 직접 재료를 공수하고 있다고 한다. 매장이 상당히 커서 손님이 많아도 쾌적하게 보면서 주문을 할 수 있다.

홈페이지_ www.festivalo.co.jp
주소_ 鹿児島県鹿児島市呉服町1-1
위치_ 노면전차역 덴몬칸도리에서 도보 1분
영업시간_ 09~20시 (정기휴일 1/1)
전화_ 099-239-1333

사츠마 요키야 카가시 요코초 (菓々子横丁 天文館電停か)

덴몬칸 쇼핑몰을 들어가자마자 왼쪽으로 보이는 빵집으로 항상 사람들로 북적이는 곳이다. 일본의 야생 마를 재료로 전통과자와 찹쌀떡형태의 팥이 입안에서 빨리 녹아 단맛을 낸다. 일본식 과자와 케익까지 상당히 큰 매장에 다양한 빵과 과자를 볼 수 있어 하나씩은 사가게 되는 곳이다. 특히 나이 드신 분들이 맛있다고 손을 치켜세운다.

주소_ 鹿児島県鹿児島市千日町 6456-1
위치_ 덴몬칸도리에서 입구 도보 1분
영업시간_ 09~21시
전화_ 099-238-6100

119

덴몬칸, 시로야마 지역
天文館, しろやま

에도 시대에 사쓰마번의 25대 영주인 시마즈시게히데가 이 근처에 천문 관측이나 달력을 연구하는 시설인 메이지칸(明時館)을 세우면서 시작되었다. 지금은 가고시마 최대의 번화가로 덴몬칸혼도리(天文館本通り), 이지루도리(いづろ通り), 센니치도리(千日通り)의 3곳을 중심으로 상가로 모여있는 아케이드 상가이다. 가고시마를 대표하는 서울의 명동 같은 곳이지만 이탈리아의 밀라노처럼 보이기도 한다.

2009년 5월에 미쓰코시 백화점이 문을 닫으면서 덴몬칸은 쇼핑가의 명성을 잃어버렸다. 그 자리를 차지한 것은 술집과 바Bar가 차지하면서 한밤에도 불야성을 이루고 있다. 쇼핑가의 명성은 현재 가고시마 중앙역이 개발되면서 아뮤AMU 플라자가 시민들이 주로 찾는 곳이 되었다.

덴몬칸 핵심도보여행코스

자비엘 체류 기념비부터 시작해 덴몬칸을 지나 역사 문화의 길을 지나면서 자비엘 체류 기념비 → 중앙공원 → 현립박물관 → 데루쿠니신사 → 사이고다카모리 동상 → 시립미술관 → 쓰루마루 성터 → 레메칸 → 덴쇼인 상을 보고 시로야마 전망대를 올라가는 코스로 만들어 전망대에서 시내를 한눈에 볼 수 있다.

데루쿠

데루쿠니문고

자비엘공원

가고시마현
박물관

🍴 카렌

🍴 타리즈커피

🍴 쿠마소테이

조사관
연무관
의학원 터

卍
니시혼간지
가고시마 분원

🍴 사카나쵸

다카플라

덴몬칸터 비석

가루후라멘

오쓰키야파출소

순칸묘비

🍴 무자키

덴몬칸공원

🍴 페티바로

마루야가든

가리노

야마카타야

미나미

샤고시마시티은행

석등롱

겟쇼쇼닌
유적비

미즈미공

고다미 도모이쓰 상

시로야마전망대

사이고 동굴

시마즈나리아카라 상
●시마즈하사미쓰 상
●상
겐

●사이고다카모리 동상

●가고시마 근대문학관/가소시마 메르현관

●가고시마 현역사자료센터

●가고시마 시립미술관

●시쓰마의 사비

진홀
●테와카 동상

역사의 문화의 길

요잔미술관

덴쇼인 상

●가고시마
의료센터

●사학교터

가고시마시청

●가고시마현민
교류센터

●시민복지플라자

류큐(오키나와)칸터●

자비엘 체류 기념비
ザビエル公園

1549년 기독교 선교를 위해 가고시마를 방문한 스페인 출신의 선교사인 프란시스코 자비엘 기념비는 공원에 있다.
공원은 작지만 메이지 시대의 가톨린 교회가 2차 세계대전 중에 공습으로 화재로 인해 석벽에 다시 복원한 것이다. 1999년에 자비엘, 야지로, 베르날드 등 3명의 동상이 함께 있다.

주소_ 鹿兒島市東千石町4-1

중앙공원
中央公園

덴몬칸 아케이드를 나와 좁은 도로를 가로지르면 커다란 공원이 나오는데, 호주 퍼스의 공원을 본따 만들었다. 시민들이 아침, 저녁으로 산책을 하는 조용한 공원으로 중앙공원부터 역사 문화의 길이 시작된다.

역사 문화의 길

레이메이칸, 시립미술관, 현립 박물관 등이 줄지어 있는 쓰루마루 성터의 해자를 따라 걷는 코스로 봄부터 가을까지 꽃들이 항상 만발한다. 가고시마의 역사를 알리기 위해 성터를 따라 각종 박물관이 늘어서도록 계획되었다.

주소_ 鹿兒島市東千石町10-1

사이고다카모리 동상
西鄉隆盛 銅像

육군 대장 제복을 입고 있는 사이고다카모리의 동상의 모습은 8m에 이르는 커다란 동상이다. 이 동상부터 역사, 문화의 길이 시작된다. 일본 메이지 유신 시대의 정치가로 도쿠가와 막부 시대를 끝내고 천황 중심의 왕정복고를 성공시키는 절대적인 역할을 했다.

메이지 정부의 요직에 있었지만 정한론을 주창한 것이 받아들여지지 않자 관직에서 물러나 귀향하였다.

학교를 세우고 후진 양성에 전력하였지만 중앙정부와의 마찰로 1877년 세이난 전쟁을 일으켜 패하고 말았다.

결국 시로야마에서 자결을 하면서 죽고 말았다. 가고시마에서 출생지부터 청년 시대에 살았던 집터와 자결을 한 곳까지 모든 연대에 걸쳐 가고시마에 생이 조명되어 있다.

주소_ 鹿兒島市城山町4-36
전화_ 099-216-1327
(가고시마 관광과)

테루쿠니신사
照國神社

1864년 창건된 사츠마의 28대 번주 시마즈 나리아키라(島津錦齊彬)를 모신 신사이다. 재임 기간은 불과 7년이지만 서양 문명을 적극적으로 도입하여 일본 최초의 서양식 공장 슈세이칸을 짓고 공업을 발전시키는 등 근대 일본의 기초를 쌓았다. 그의 공적을 상징하는 높이 20m의 콘크리트제 도리이와 나무는 시내의 명물이기도 하다.

경내에는 나리아키라를 소개하는 테루쿠니 자료관(입장료 100¥)도 병설되어 있다. 실제로 역사, 문화의 길은 데루쿠니신사부터 시작하는 것이 한 번에 박물관과 동상을 모두 볼 수 있다.

주소_ 鹿兒島市城山町 3
위치_ 덴몬칸 전차 정류장에서 10분 정도 걸어서 이동
요금_ 무료
전화_ 099-222-1820

쓰루마루 성터
鶴丸城

쓰루마루 성은 사츠마의 18대 성주였던 시마즈 아에히사(島津家久)가 1602년에 쌓은 성이다. '사람'으로 성을 이룬다'라는 신념하에 천수각을 짓지 않은 소박한 성으로 270년 동안 시마즈 집안의 거성이 되었다.

주소_ 鹿兒島市城山町 7
전화_ 099-216-1327

레이메이칸
黎明館

메이지 100년을 기념하여 지은 레이메이칸(黎明館)에는 가고시마의 역사를 4개의 테마로 나누어 전시와 모형으로 소개하고 있다.

덴쇼인 상
이마이즈미 시마즈 가문에서 태어나 에도막부의 제 13대 장군인 도쿠가와 이에사다의 정부인이 되어 도쿠가와 가문을 위해 힘쓴 여성이다. 나카무라 신야의 작품으로 레이메이칸 안의 앞에 세워져 있지만 찾기가 힘들다.

주소_ 鹿兒島市城山町 7-1
관람시간_ 09시~17시
휴무요일_ 휴일 · 월요일(공휴일에는 다음날 휴무).
　　　　　매월 25일 휴무
입장료_ 300￥
전화_ 099-222-5100

가고시마 근대 문학관
かごしま近代文学館

가고시마 메르헨관
かごしまメルヘン館

문학관에서 간온지 쵸고로(海音寺湖五郎), 무쿠하토쥬(椋鳩十), 하야시 후미코(林芙美子) 무코다 구니코(向田邦子) 등 가고시마와 인연이 있는 작가와 가고시마를 무대로 한 작품을 소개하고 있다. 자필 원고와 작가가 사용하던 애장품 등도 전시되어 있다. 메르헨관에는 동화 주인공인형으로 동화의 세계를 연출하였다.

가고시마 시립 미술관
鹿児島市立美術館

16세기 때의 도자기와 목판화를 비롯해 작은 지역 작품을 전시하고 있다. 사쿠라지마 회화가 독특한 작품세계를 뽐내고 있다.

주소_ 鹿児島市城山町 11
위치_ 아사히도리 전차 정류장에서 걸어서
　　　10분 정도 이동
관람시간_ 08시 30분~18시(11/1~3/15 17시(30분)
입장료_ 200¥
전화_ 099-247-1511

주소_ 鹿児島市城山町 9
위치_ 아사히도리 전차 정류장에서 걸어서
　　　10분 정도 이동
관람시간_ 09시 30분~18시
휴무요일_ 화요일(공유일 경우에는 다음날)
입장료_ 300¥
전화_ 099-226-7771

가고시마 시립 미술관(鹿児島市立美術館)

중앙공민관
中央公民館

일본의 사회교육을 하는 시설로 대표적인 곳이다. 일본의 사회교육법은 각종 교육을 하는 곳으로 강좌를 운영하고 주민 스스로 기획을 해 평생교육을 하는 시설로 만든 공간이다. 스스로 학습을 주고받는 역할부터 문화활동을 빌려주는 역할까지 담당하고 있다.

주소_ 鹿兒島市城山町 8

호잔홀
ホザンホル

가고시마의 문화예술이 열리는 장소로 중앙공민관 옆에 있어 시민들이 접근성이 높아 참석률이 높다.
중앙공원과도 가까워 한곳에 모인 문화와 체육시설이 모여 여름이면 저녁까지 시민들로 북적인다.

고마쓰 다테와키 동상
호잔홀 바로 앞에 있다. 고마쓰 다테와키는 도쿠가와 가문을 살려내려고 한 인물로 사쓰마의 중신으로 메이지유신을 저지하려는 세력이었다. 사이고 다카모리와 대립각을 세운 인물이다.

주소_ 鹿兒島市城山町 8-1

사쓰마의 사비

이곳부터 시로야마 전망대를 오르는 길이 시작된다. 에도막부에서 제방축조 공사에서 희생된 사쓰마 번 무사들의 명복을 빌기 위해 만든 사적으로 당시에 공사의 지휘를 맡은 가신 히라타 유키에를 비롯해 의사들의 업적을 기리고 있다.

기후현 오가키시, 가이즈시, 하시마시 등 사쓰마 의사들의 연관 지역과 교류를 하고 있다.

사이고동굴
西郷洞窟

세이난 전쟁의 최후 공격을 받은 사이고 다카모리가 기리노 도시아키를 비롯해 학교 간부들과 함께 정복될 때까지 최후의 5일간을 지낸 동굴이다. 실제로 가보면 지나치기 쉬울 정도로 작다.

시로야마
城山

107m의 약간 높은 언덕으로 남북조시대 시기에는 성이 있었다. 세이난 전쟁의 격전지였으며 중턱에는 사이고 다카모리가 생을 마감한 동굴이 있다. 시내의 거의 중심에 위치해 있고 전망대에서 내려다보는 경치가 아름답다.

위치_ 시야쿠쇼마 전차 정류장에서 걸어서 15분소요
전화_ 099-216-1327

사이고다카모리 임종지
西郷隆盛

사이고다카모리(西郷隆盛)가 죽은 장소까지 남겨놓은 것을 보면 그가 가고시마에서 차지하는 비중을 알 수 있다. 그런데 찾아가는 길이 쉽지는 않다.

사쓰마의 비에서 횡단보도를 건너 2차선의 길을 올라가면 간판이 하나 보이고 왼쪽으로 골목길이 나온다. 이 길을 따라가야 한다. 골목길을 나오면 기차길이 나오는데 내려가서 왼쪽으로 기차길을 건너면 사이고다카모리(西郷隆盛)의 임종지가 나온다.

가고시마의 야경

고쓰키 강변

가고시마 시내에서 야경의 명소는 단연 고쓰키 강변이다. 일본을 대표하는 조명 디자이너인 '이시이모토코'가 디자인을 해 밤에도 걸으며 도시를 느낄 수 있는 기회를 가지게 해주었다.

가고시마 관광버스 '시티뷰'로 야경 즐기기

가고시마 시내의 야경을 즐길 수 있는 시티뷰 야경코스가 있다. 버스에서 창밖의 야경을 여유롭게 바라보는 것도 좋은 여행의 추억이 될 수 있다.

EATING

덴몬칸 무쟈키
天文館むじゃき

덴몬칸에서 관광객이 가장 많이 찾는 우리나라의 설빙과 비슷한 곳이다. 보이는 모습이 정말 먹고 싶도록 만들고, 설빙보다 얼음이 굵지만 입에 넣으면 딱딱하게 느껴지지는 않는다. 다만 너무 달아서 호불호가 극명하게 갈리는 곳이지만 여름이라면 특히 쉬어가면 좋은 카페이다.

홈페이지_ http://mujyaki.co.jp
주소_ 鹿児島県鹿児島市千日町 5-8
영업시간_ 11:00~22:00
전화_ 099-224-6718

아지모리
あぢもり

가고시마에는 흑돼지 전문점을 표방하고 운영하는 식당이 정말 많다. 이곳은 그 많은 흑돼지 샤브샤브 전문점에서 고급스러운 음식점으로 통한다.
샤브샤브도 맛있지만 돈가스와 개인적으로 흑돼지 히레가츠와 고로케가 압권이다. 홈페이지에서 매달 휴일이나 특별한 사항들을 공지하고 있다.

주소_ 鹿児島市千日町 13-21
위치_ 가고시마노선전차 덴몬칸 역 하차
　　　G3게이트 5분
영업시간_ 점심 11:30~14:30 – (입장 ~13:00/
라스트오더 ~13:30/돈까스 ~14:15)
저녁 17:00~21:30 (입장 ~20:00/라스트오더
~20:30) 정기휴일 수요일
전화_ 099-224-7634

쿠마소테이
熊襲亭

1966년에 문을 연 흑돼지 샤브샤브 맛집
이다. 입구에서 들어가자마자 커다란 바
위를 보면서 오래된 역사를 간직한 집이
라는 사실을 알게 된다.
샤브샤브, 흑돼지뿐만 아니라 기비나고
멸치 생선회가 유명하다. 점심 쿠마코스
를 저렴한 1,500￥에 먹을 수 있어 인기가
있다.

위치_ 덴몬칸 도리에서 도보 5분
영업시간_ 11:00~14:00시, 17:00~22:00시
　　　　　(연중무휴 운영 / 연말연시만 휴무)
요금_ 기비나고 650￥~, 사츠마아게 800￥~
　　　소고기 스테이크 3000￥,
　　　소고기 샤브샤브 3000￥

카렌
華蓮

넓은 공간이 인상적인 레스토랑으로 돼
지고기와 쇠고기 샤브샤브와 와인을 같
이 먹을 수 있다. 고기와 야채를 찜으로
먹는 '세이로 무시'라고 하는 샤브샤브를
고급 레스토랑으로 격상시켜 입안에서
녹는 느낌의 가고시마 최고의 샤브샤브
점이다.

홈페이지_ http://www.karen-ja.com/foreign/kor
주소_ 鹿児島県 鹿児島市 山之口町 3-12
영업시간_ 오전 11:30~오후 2:00(LO 1:30),
　　　　　오후 5:30~오후 11:00(LO 10:00)
　　　　　※단, 일, 공휴일은 오후 10:00 폐점(LO 9:00)
전화_ 099-223-8877

가고시마 가루후 라멘
鹿児島 我流風ら〜めん

후쿠오카, 구마모토, 가고시마의 라멘은 규슈의 3대 라면이라고 할 정도로 유명하다. 돼지뼈를 이용해 뽀얀 국물을 내는 것이 특징이지만 돼지뼈에 닭뼈를 함께 넣고 삶고 얇은 면을 사용하는 점이 차이이다. 소금물을 사용하지 않고 간을 맞추기 때문에 가고시마 시민들의 자존심이라고 할 정도이다.

이 가고시마 라멘을 가장 잘 맛내고 있는 곳이 가루후 라멘이다. 다만 현금으로 계산해야 하는 단점이 있기는 하다.

주소_ 鹿児島県鹿児島市東千石町 14-3
　　　オークルビル1F
위치_ 덴몬칸도리(天文館通り)역에서 도보 1분
　　　JR 가고시마중앙역에서 도보 8분
영업시간_ 월~토 11:00~23:00,
　　　　　일 11:00~22:00(연중무휴)
전화_ 099-227-7588

돈토로 라멘
Tontoro ら〜めん

진한 돈코츠 국물을 마시면 추위가 녹을 정도로 돼지뼈의 국물이 가슴 속을 녹여준다. 가격도 600¥부터 시작해 관광객의 부담을 덜어준다. 오래된 라멘집의 위용이 느껴져 한끼 식사로 손색이 없다.

주소_ 鹿児島県鹿児島市東千石町 9-41
영업시간_ 11:00~21:00
전화_ 099-222-5857

라멘 센몬노리이치
ら〜めん専門のりー

덴몬칸 뒤쪽의 입구에 있는 라멘 전문점으로 가고시마 시민들의 사랑을 받고 있다. 전문 라멘이라기보다 콩나물국이라고 볼

수도 있지만 국물은 라멘이라고 알려준다. 관광객이 적어 찾아가지는 않고 있다.

주소_ 鹿児島県鹿児島市東千石町 9-3
전화_ 099-222-4497

유쇼쿠톤사이 123상
いちにいさん

덴몬칸을 다니다가 지나가면 꽤 큰 식당으로 눈이 자연스럽게 가게 된다. 샤브샤브와 소바가 맛있지만 가격은 저렴하지 않다. 가고시마 시민에게도 잘 알려져 있는 식당이지만 쉽게 갈 수 있는 음식점은 아니다. 점심에 가면 1,000¥에 먹을 수 있는 메뉴가 있으니 점심을 활용해 보자.

주소_ 鹿児島県鹿児島市東千石町11-6 2,3F
전화_ 099-225-2123

유쇼쿠톤사이 123상

134

와카나 붕카-도리
わかなのりー

덴몬칸 뒤쪽에 있는 샤브샤브 전문점으로 맛있지만 가격은 저렴하지 않다. 가고시마 시민에게도 잘 알려져 있는 식당이지만 쉽게 갈 수 있는 음식점은 아니라고 볼 수도 있지만 국물은 매우 진하다.

주소_ 鹿児島県鹿児島市東千石町 12-21
　　　 Asahi B 1F
요금_ 샤브샤브 1,700¥〜
전화_ 099-225-7070

아지노 돈카츠 마루이치
丸一

덴몬칸의 호텔 앞에 있는 유명 돈가스 전문점으로 고기가 두툼한 것은 물론이고 고기의 식감이 입안에 그대로 전해진다. 주인이 직접 와서 먹는 방법을 소개시켜 주기 때문에 더욱 신뢰가 간다.
역시 가고시마의 흑돼지 돈가스가 인기 메뉴이며 점심시간에 가면 할인이 되어 저렴하게 먹을 수 있다.

주소_ 鹿児島県 鹿児島市 山之口町 B1 1-10
　　　 야마노구치초
요금_ 로스가스 정식 1,600¥
전화_ 099-226-3351

키카쿠 스시
喜鶴寿司

매장 입구부터 스시의 모형이 있어 먹고 싶은 마음을 놓지 못하게 만든다. 3점씩 나오는 스시 세트와 연어 등의 해산물 덮밥도 군침이 나오도록 만든다. 생선뼈를 간장으로 조려 뼈를 발라낸 것 같은 맛이 나오는 아라다키(あらだき)는 간장 맛이 일품이다.

주소_ 鹿児島県鹿児島市東千石町3-29
영업시간_ 11:30〜22:00 (주문 마감 21:30)
　　　　일요일 · 공휴일은 21:00까지
　　　　※평일 14:30〜17:00는 CLOSE
　　　　런치 11:30〜15:00
　　　　정기 휴무일 매주 수요일 (공휴일 제외)
전화_ 099-223-3338

앤드류 에그타르트
アンドリュ-のEgg Tart

유명한 포르투갈의 에그타르트의 맛을 일본에서 재현하려는 에그타르트이다. 달걀의 흰자로 맛을 내는 데 거품을 내서 사용하는 달걀흰자는 가벼운 식감을 입 안에 감돌게 한다.
타르트 속 계란이 푸딩같이 촉촉하고 부드러워 입에서 어떤 맛을 내는 지가 에그타르트 맛을 결정한다. 에그타르트도 역시 커피와 같이 먹으면 조합이 좋은데 달달한 치즈 타르트가 단쓴맛을 결정하는 듯하다.

홈페이지_ www.eggtart-satsuma.jp
주소_ 鹿児島市東千石町18-1
영업시간_ 11:00〜21:00
전화_ 099-295-3306

가고시마 Best 3 커피

타리즈커피 렘가고시마점(タリズコヒレム鹿島店)

덴몬칸 근처에 있는 타리즈 커피는 아침 일찍부터 열기 때문에 출근하는 직장인이 많이 찾으며 밤늦게 커피를 마시고 싶은 덴몬칸 근처의 호텔에 있는 관광객이 밤에 주로 찾고 있다. 커피맛이 좋지만 같이 주문하는 팬케익도 상당히 인기가 있다.

주소_ 鹿児島県鹿児島市東千石町 1-32
영업시간_ 월~목 : 7:00~23:00
　　　　　금~토 : 7:00~24:00
　　　　　공휴일 · 일요일 : 7:00시~23:00
전화_ 099-248-9612

도토루(DOTOROU)

지금은 우리나라에서 도토루 커피점을 거의 볼 수 없지만 한때는 꽤 많은 커피전문점이 있었다. 여전히 일본에서는 많은 커피전문점을 거느리고 있는 도토루는 계량화된 커피의 맛을 내고 있다.

덴몬칸 스타벅스(Starbucks)

덴몬칸 아케이드 안으로 들어가서 사거리가 나오는 오른쪽에 있는 스타벅스는 가고시마에서 찾기가 힘든 스타벅스를 마실 수 있다. 전 세계 어디에서도 동일한 맛을 가진 스타벅스이지만 가고시마에서는 스타벅스가 반갑기까지 하다.

주소_ 鹿児島県鹿児島市東千石町 13-27
영업시간_ 평일 07:30~21:00, 주말 08:00~22:00
전화_ 099-805-0239

주소_ 鹿児島県鹿児島市東千石町 15-20
영업시간_ 평일 07:30~21:00, 주말 08:00~22:00
전화_ 099-805-0321

가고시마 거리에 있는 대표적인 동상들

오쿠보 도시미치(大久保通銅像)

오쿠보 도시미치는 에도 시대부터 메이지 시대에 활동한 정치가이다. 사쓰마 번 출신으로 존왕양이 운동에 투신해 번주의 신뢰를 얻으며 번 대표로 활동했다. 메이지 유신 후에는 늘 정부의 중심에서 국민국가의 체제 확립에 힘썼다. 폐번치현 이후 이와쿠라 사절단의 일행으로 유럽을 시찰하고 돌아왔고, 정한론을 둘러싼 정변이 일어났을 때 내치우선론을 주장했다. 이후 내무경을 겸임하는 등 정부의 중심인물이자 최고 권력자로 메이지 국가 건설을 주도했으나, 1877년 암살당했다.

영국함대, 가고시마에 나타나다

영국인의 사상자를 낸 나마무기 사건을 해결하기 위하여 다음해인 1863년에 영국인 사쓰마로 7척의 함대를 파견하였다. 이것이 사쓰에이 전쟁의 시작이었다. 입항의 알림을 듣고 오야마 이와오(大山 巌), 사이고 주도(西郷従道), 야마모토 곤노효(山本権兵衛)에도 서둘러 항구로 향했다.

가바야마, 구로다, 일본의 미래를 말하다

1858년 막부의 대로로 이이나오스케가 취임하여 사쓰마 번주인 시마즈 나리야키라를 포함한 히토쓰바시파와 장군 후계자의 문제로 격렬하게 대립하였다. 가바야마 스케노리(樺山資紀)와 구로다 기요다카(黒田清隆) 등 많은 사쓰마의 젊은이들이 번과 일본의 미래에 대하여 논하였다.

구로다 세이키(黒田清輝), 사쿠라지마의 대분화를 그리다

1914년 가고시마에 머무르고 있던 구로다 세이키(黒田清輝)는 사쿠라지마의 대분화를 우연히 보게 된다. 창작 의욕에 자극받은 구로다는 이 폭발을 주제로 그림을 그렸다. 여러 그림은 현재 가고시마 시립미술관에 수장되어 있다. 구로다는 분화하는 사쿠라지마를 스케치하기 위해 제자(山下兼秀)와 함께 항구로 향했다.

이지치, 요시이 정변에 대해 말하다

막부와 개혁파의 패권 다툼 속에 1860년에 일어난 사쿠라다 문 밖의 정변으로 이이 대로는 암살되고 막부의 세력이 약해져갔다. 이곳 사쓰마에서도 이지치 쇼지, 요시이 도모자네(吉井友達実), 오쿠보 도시미치(伊地知正治) 등 세이추구미에서도 이 정변을 둘러싸고 여러 가지 토론을 펼쳤다.

시게히데, 사쓰마의 과학기술의 기초를 세우다 (덴몬칸 아케이드 안)

1779년 시마즈가 제 25대 당주 시마즈 시게히데는 천문대의 덴몬칸을 설치하여 사쓰마의 달력을 작성하였다. 시게히데는 그 외에도 번교 조시칸과 의학원 등을 창설하였다. 그 선진성은 제 28대 나라야카라로 계승되어 메이지 유신의 기초를 세웠다. 시게히데는 몸소 가신들과 함께 천문에 대해 이야기를 나누었다.

사이고 다카모리 | 西郷隆盛銅像

우에노공원 입구에 세워진 일본 메이지유신 일등 공신인 사이고 다카모리의 동상이다. 사이고는 정한론(征韓論)을 주장하며 반대파와 전쟁을 벌였으나 패배하여 실각한 후 자살하고 말았다. 가고시마에서 사이고 다카모리의 영향력은 절대적이다. 사이고 다카모리를 캐릭터화하여 각종 관광상품에도 적극 활용하고 있다.

윌리스 다카키에게 서양의학을 전하다

에도 주재의 의사 윌리엄 윌리스 (William Willis)는 1869년 사쓰마 번으로 초빙되어 의학원 교장이 되었으며 아카쿠라 병원을 창설하였다. 영국식 근대 의학 교육을 실시하여 서일본 의학의 중심이 되었다. 도쿄 지케이카이 의대를 창설한 다카키 가네히로도 이곳에서 연수하였다.

단쇼엔 시마즈 동상 3

워터프런트

덴몬칸공원

야마카타야

가고시마시청

마루야가든

석등롱 · 겟쇼쇼닌 유적비

고다이 도모아쓰 상

미나토오도리공원

시마무라 사무소

NHK 주차장

돌핀포트 족욕탕 · 주차장

주차장

돌핀포트

워터프론터 파크 · 신방파제포대터

주차장 · 이오월드 가고시마수족관

가고시마항

보드워크

중앙도매시장 수산시장

남부두터미널

종 별	기 간	문의처	전 화
순환 크루즈	연중	가고시마본항 승선매표소	099-223-7271
사쿠라지마페리 납량관광선	여름 (8월 13,14,15일 제외)	가고시마시 선박국	099-293-2525
긴코만매력재발견크루즈	봄철, 가을철/일요일	가고시마시 선박국	099-293-2525
긴코만 서머나이트 크루징	여름	오리타기선	099-226-0731
범선형유람선 퀸즈시로야마	연중	시로야마스토어 선박부	099-213-0004
가고시마베이크루즈	연중	Cafe 초온칸	099-478-1203

이소 간마치 지역

가고시마
현민교류센터

류큐칸 터

조코묘지 절

사이고 난슈 현창관/난슈 공원

후쿠쇼지 절터

이마이즈미 시마즈가 저택터
(아쓰히메 탄생지)

시마즈 가문 묘지

시게토미시마스가
본저택 터

이토 스케유키 탄생지

가스가신사

나오도 절의 물

모리 아리노리 탄생지

혼류지 절터

이나리신사

이시바시 기념공원
이시바시 기념관

미나미카타신사

세이난 전쟁 관군
전몰자 위령탑

사쓰에이 전쟁
(기온노스)포대터

도후쿠지 성터

구가시마방적소기사관(이진칸)

자비엘 상륙 기념비

다가야마 공원
(도고 헤이하치로 동상)

사쓰마기리코공장
(사쓰마유리공예)

와레와 우미노코 비석

류큐진마쓰 묘비

이소해수욕장

상고집성관

명승 센간엔

기긴스마 역

이시바시 기념공원

상고집성관

가고시마 방적소

자비엘 상륙 기념비

헤이하치로 동상

센간엔

가고시마 수족관
Kagoshima 水族館

규슈에서 가장 큰 수족관으로 약 500종
의 3만 점을 전시하고 있는데 상징은 고
래상어로 수족관을 가득 채우는 모습이
압권이다.
가다랑어, 다랑어 떼, 대형 가오리도 볼 만
하다. 관객 참여로 돌고래 시간이 매일 이
벤트로 펼쳐진다. 수족관 야외 수로에는
매일 돌고래의 모습을 볼 수 있다. 눈앞에
서 돌고래가 떠오르는 쇼는 볼만한다.

영업시간_ 09시30분~18시
(입장은 1시간 전까지 / 한밤의 수족관은 21시까지)
요금_ 1,500￥
전화_ 099-226-2233

워터프론트 공원 & 돌핀포트
ウォーターフロント＆ドルフィンポート

사쿠라지마와 긴코만이 펼쳐진 잔디로
이루어진 공원으로 분수와 이벤트 광장
이 있고 다양한 공연이 주말마다 열리고
있다. 북방파제 등대인 빨간 등대는 유형
문화재로 등록되었다.

그 옆에 있는 돌핀포트는 레스토랑과 카
페가 모인 곳으로 특산품이나 공예품이
즐비한 쇼핑지역으로 긴코만(錦江灣)을
가까이 바라보면서 족욕도 즐기며 하루
를 보내기 좋은 곳이다. (주차는 30분만
무료이고 그 이후에는 유료이다)

전화_ 091-221-5777

가고시마 어시장
中央卸売市場 魚類市場

긴코만의 200m 이하에 있는 수심 속에 어류를 판매한다. 또한 근해에서 조업하는 참치선이 잡은 참치까지 아침마다 경매로 시끌시끌하다. 토요일에 가고시마현 협동조합에서 주최하는 어시장 체험 투어도 관광 상품으로 열어서 체험하도록 하였다.

주소_ 鹿児島市城南町37-2
시간_ 8:30~17:15(연말연시, 공휴일 휴무)
위치_ JR가고시마 중앙역에서 택시로 10분
전화_ 099-222-0180, 099-201-9897

어시장 가이드 투어

봄부터 가을(3월~11월 매주 토요일)에는 어시장에서 가이드 투어를 진행한다. 6시 30분까지 집합하여 인원점검을 하고 가이드가 설명을 시작한다. 간단한 설명 후에 시장을 견학할 수 있는데 상인에게 피해가 가지 않도록 주의해야 한다. 가이드투어 후 신선한 해산물로 식사를 할 수 있는 식당에서 식사 (식사비 별도)를 할 수 있다.

▶https://www.facebook.com kagoshimafishmarkettour
▶http://gyokago.com
▶요금 : 성인 2,000￥(소인 1,000￥)

센간엔 (이소테이엔)
磯庭園(仙巌園)

19대 번주였던 시마즈 미츠히사(島津光久)가 1658년부터 별장으로 지은 것으로 센간엔을 축조하였다. 긴코만의 연못을 따라 다음 차례의 일본 술인 사케가 자신에게 흘러오기 전에 시 한편을 지어야 했다고 한 장면을 볼 수 있는 회유식 대정원이다.

본저는 서원처럼 지어졌으며 중국풍으로 꾸민 정원이 아름답다. 기모노를 입은 여인을 따라 안내를 받고 전통 차와 과자를 대접받는 투어(1,500￥)가 있다. 원내에는 식당과 매점이 있다.

위치_ JR 가고시마 중앙역에서 가고시마 시티뷰 버스를 타고 35분 정도 소요, 센간엔마에 정류장에서 하차
영업시간_ 08시30분~17시30분(3월16일~10월31일), 08시30분~17시 20분(11월1일~3월15일)
요금_ 1000￥(쇼코슈이칸과 공통)
전화_ 099-247-1551

센간엔 저택
仙巌園 御殿,고덴

시마즈 가문이 실제로 거주했던 집으로 시마즈 가문의 생활과 손님접대를 알아볼 수 있는 저택이다. 연못을 만들어 자연을 집 안에서 볼 수 있도록 배치해 고즈넉하게 느껴진다.

풍수지리적으로 음양의 조화를 표현하기 위해 안뜰 정원 바닥과 앞뜰에 움푹 팬 팔각형과 우뚝 솟아있는 팔각형이 있다. 내부는 다다미방으로 근대화의 기수인 시마즈 가문은 외국 문물에 관심이 많아 내부는 서양식으로 꾸며져 있다. 서양식의 테이블이 있는 응접실이 있지만 침실은 침대가 아니고 이불로 동양적이다.

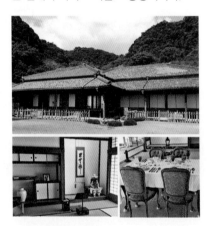

저택(御殿) 관람(유료)
센간엔 내 저택 입구
(저택 관람이 포함된 공통 입장권 판매)
시간 : 9시~17시(입장 마감 16:50)
입장료_ 별도 대인(고교생 이상) 300￥
　　　 초 · 중학생 150￥

주소_ 鹿児島市吉野町9700-1
관람시간_ 08시30분~17시30분(연중무휴)
요금_ 대인(고교생 이상) 1,000¥(초 · 중학생 500¥)
전화_ 099-247-1551

센간엔 스타벅스

센간엔 저택을 둘러보고 나오면 오른쪽으로 쭉 걸어가면 옆에 저택에 있는 센간엔 스타벅스가 있다. 센간엔의 테마 스타벅스로 외관은 다른 스타벅스와 다르다. 스타벅스 간판을 자세히 보지 않으면 지나칠 수도 있다. 대부분의 관광객이 이곳으로 향해 갈 것이기 때문에 쉽게 찾을 수 있다.

구 가고시마방적소 기사관

이진칸 / 異人館

옛날 영국인 기술자들이 숙소로 사용하던 서양식 건물이다. 이 기술자들은 29대 번주였던 시마즈 다다요시가 지은 일본 최초의 서양식 방적 공장에 기술을 지도하기 위해 초빙되었다. 관내에는 당시의 사진과 자료가 전시되어 있다.

위치_ JR 가고시마 중앙역에서 가고시마 시티뷰 버스를 타고 35분 정도 소요, 센간엔마에 정류장에서 하차
영업시간_ 09시~17시, 수요일 휴무
전화_ 099-247-3401

상고집성관 (쇼코슈세이칸)
尚古集成館

슈세이칸이란 28대 번주였던 시마즈 나리아카라(島津錦齊彬)가 지은 서양식 공장을 말한다. 석조로 된 본관은 1865년에 지어진 기계 공장을 이용한 것으로 일본의 중요 문화재로 지정되어 있다.
관내에는 대포, 사츠마 기리코(사츠마에서 생산된 유리 세공품, 叩子), 사료 등 약 1만 점을 소장하고 있다. 공방에서 유리세공인 키리코(叩子) 기술을 재현해 보여주고 있다.

위치_ JR 가고시마 중앙역에서 가고시마 시티뷰 버스를 타고 35분 정도 소요, 센간엔마에 정류장에서 하차
관람시간_ 08시 30분~17시 30분
(11/1~3/15 : 7시20분)
입장료_ 1000¥
전화_ 099-247-1511

이마이즈미시마즈 가문 본저택터(아쓰히메 탄생지)

아쓰히메의 생가인 이마이즈미 가문의 저택으로 현재 저택은 사라지고 돌담만 길가에 남아 있다. 돌담 앞에는 난슈공원 입구의 버스 승강장에 안내판이 있다.

사이고난슈현창관
西鄕南州顯彰館 (난슈공원 南州公園)

난슈공원 안에 있는 현창관은 메이지유신의 위업을 전하는 자료관으로 사이고 다카모리의 유품과 디오라마 등을 전시하고 있으며 같은 장소에 세이난 전쟁의 전사자가 안치된 나슈묘지와 사이고 다카모리를 모신 난슈신사도 있다.

관람시간_ 09~17시(입장은 16시40분까지
월요일 휴무, 12월29일~1월1일 휴무)
입장료_ 성인 200¥
전화_ 099-247-1100(사이고난슈현창관)

이시바시 기념공원
석교& 기념관 石橋記念公園

정교하게 만들어진 석교로 에도시대 말의 석교를 옮겨 놓았다. 돌다리의 역사와 기술을 소개하는 기념관까지 만들어 소개하고 있다.

자비엘 상륙 기념비
ザビエル公園

1549년 자비엘이 기독교를 포교하기 위해 온 것을 기념하기 위해 만든 비석으로 자비엘 체류 기념비와 구분해야 하는데 기온노스공원 안에 있다.

다가야마 공원
도고 헤이하치로 동상
東郷平八郎 凍傷

사쿠라지마를 한눈에 볼 수 있는 전망이 좋은 공원으로 위에 도고 헤이하치로의 동상이 있으며 봄에는 벚꽃이 피어 가족들이 나들이 나오는 장소로 유명하다.

전화_ 099-216-1366

이소 해수욕장
釜磯海水浴場

가고시마를 여름에 방문한다면 반드시 찾아야 하는 명소로 바다 건너 사쿠라지마를 배경으로 휴양을 즐길 수 있다. 개장은 7월 10일~8월 31일까지 개장한다.

잠보야
両棒餅

센간엔 안의 모찌 전문점으로 아름다운 풍경 속에서 모찌와 차를 마시고 있으면 기분까지 상쾌해진다.

전화_ 099-247- 1551

메케몬 돌핀 포트
めっけもん

생선회가 유명한 식당으로 직원들의 친절함까지 더해져 누구나 다시 가고 싶다고 한다. 저녁식사 이후에는 이자카야를 주로 먹으면서 술자리까지 이어질 수 있는 음식점이다.

가고시마 식당들이 대부분 자리가 크지 않지만 메케몬은 자리가 넓어 넉넉한 자리에 음식까지 맛있어 누구나 추천하는 식당이다. 생선회와 초밥이 120¥부터 시작하고 회는 푸짐하게 먹으려면 3,000¥ 정도의 식사비가 청구된다.

요금_ 초밥 120¥~, 생선회 1,250¥~
영업시간_ 11:00~14:00, 17:00~22:00
전화_ 099-219-4550

SLEEPING

가고시마 여행에서 관광객에게 가장 좋은 숙소의 위치는 중앙역 근처와 덴몬칸 부근이다. 공항과의 교통의 편리성이나 이부스키나 야쿠시마를 타려고 생각한다면 중앙역이 좋고, 쇼핑과 나이트 라이프를 즐기려고 한다면 덴몬칸 근처가 편리하다. 처음 가고시마 여행을 와서 어디에 숙소를 잡아야할 지 고민이 된다면 덴몬칸 보다는 중앙역 근처에 숙소를 예약 하는 것이 좋다. 공항버스가 내리는 중앙역 거리에서 가까워 도보로 이동이 가능하고 밤에 도 위험하지 않다.

여름에는 무지 더운 가고시마의 숙소에는 에어컨이나 교통의 편리성을 따져보는 것이 좋다. 북유럽의 호텔처럼 에어컨이 없는 숙소는 없지만 지구온난화로 최근에는 여름의 에어컨 상태는 가고시마 여행에서 중요하다. 상대적으로 겨울에도 영하로 내려가는 경우가 없는 가고시마에서 난방은 큰 문제가 숙소 선택의 중요사항은 아니다.

솔라리아 호텔
Solaria Hotel

가고시마에서 위치적으로 중앙역 정면에 있고 전망도 좋은 호텔로는 솔라리아 호텔보다 좋은 호텔은 찾기 쉽지 않다. 시내에 있는 시설이 좋은 4성급 호텔이다. 화려한 외관과 달리 내부 인테리어는 단순하다. 프랑스 레스토랑도 있고 상당히 훌륭하기 때문에 비즈니스를 하는 사람들이 많이 찾는다. 가격은 높지만 가고시마의 숙박업소 가운데 사우나까지 갖춘 곳은 거의 유일하다.

주소_ 鹿兒島市中央町 11, 890-0053
요금_ 더블룸 9,000¥~
전화_ 099-210-5555

JR 규슈 호텔
Versailles

가고시마 중앙역에서 이어진 호텔은 1~3
분정도의 거리에 있는 3성급 호텔이다.
냉장고와 에어컨, 드라이기까지 비치되
어 여성들이 좋아한다. 중앙역에서 가장
가까운 거리도 이 호텔의 장점이다. 다른
시설은 평범하지만 호텔 직원도 친절하
고 JR역과 연결되어 가고시마 근교여행
이 가장 편리하다.

주소_ 鹿兒島市中央町 1-1-2, 890-0045
요금_ 싱글룸6,700¥~, 더블룸 10,500¥~
전화_ 099-213-8000

도큐레이 호텔
Tokyu REI Hotel

후쿠오카보다
호텔이 많지
않은 가고시
마에서 가격
이 저렴하여
한국인이 많
이 찾는 호텔이지만 직원들의 친절도는
낮은 편이다. 호텔에서 오른쪽으로 돌면
바로 나오는 고쓰키 강변을 산책할 수 있
어 위치적으로 좋다. 중앙역에서 호텔까
지 이동도 5분 이내로 편리하다. 방의 크
기는 일본의 다른 호텔처럼 작은 편이다.

주소_ 鹿兒島市中央町 5-1, 890-0053
요금_ 싱글룸5,400¥~, 더블룸 6,500¥~
전화_ 099-256-0109

도큐레이 호텔(Tokyu REI Hotel)

선데이즈 호텔
Sun days Hotel

덴몬칸 도리 트램역에서 5분거리라고 하지만 길을 모르면 한참을 헤매야 한다. 오래된 호텔이지만 관리가 잘되어 있고 식당과 술집이 상당히 많아 밤에도 활동하고 싶은 여행객에게 좋은 점수를 받지만 조용한 호텔을 원한다면 추천하지 않는다. 약간의 저렴한 가격에 가습기와 공기청정기까지 구비하고 있어 가성비가 좋은 호텔로 정평이 나있다.

아넥스 호텔
Annex Hotel

도큐레이 호텔 건너편에 위치한 호텔로 중앙역에서 5분정도의 거리에 위치해 있다. 직원들이 친절하고 조식의 맛이 특히 좋다. 저렴한 가격에 좋은 위치, 고쓰키 강변의 산책까지 한다면 가성비가 아주 높은 호텔이라는 사실을 알게 된다. 1층의 오그넥 레스토랑의 인기가 높으며 비즈니스 고객들이 많다.

주소_ 鹿兒島市中央町 4-32, 890-0053
요금_ 싱글룸 4,400¥~, 더블룸 6,430¥~
전화_ 099-257-1111

주소_ 鹿児島県鹿児島市呉服町 9-8, 892-0844
요금_ 싱글룸 4,800¥~, 더블룸 6,742¥~
전화_ 099-227-5151

리치몬드 킨세이초 호텔
Richmond Kinseicho Hotel

가격도 저렴하고 직원들의 친절하여 자유
여행자들에게 인기가 있는 호텔이다. 중
앙역과 덴몬칸에서 조금은 떨어져있지만
아사도리 트램 정류장에서 몇 걸음만 옮
기면 호텔에 도착할 수 있다. 오래된 호텔
이지만 내부 인테리어는 세련되게 새로
인테리어를 하여 쾌적하다. 조식이 뷔페
로 든든하게 먹을 수 있는 장점이 있다.

주소_ 鹿児島市千日町タカプラ 5-3, 892-0828
요금_ 싱글룸 4,900¥~, 더블룸 7,740¥~
전화_ 099-219-6655

램 가고시마 호텔
Ramm Kagoshima Hotel

저 렴 하 지 만
상 당 히 깨 끗
하 고 세 련 된
인 테 리 어 를
가 지 고 있 으
나 방이 작은 단점은 있지만, 덴몬칸 도리
에서 바로 옆에 위치해 자유여행자와 패
키지여행자 모두에게 상당히 인기가 있
는 호텔이다. 작은 호텔이지만 조식이 잘
나오고 돈키호테에서 쇼핑을 원하는 여
행자는 밤에 쇼핑을 하고 들어와도 부담
스럽지 않은 거리에 있다. 직원들도 상당
히 친절해 질문에 잘 답해준다.

주소_ 鹿児島県鹿児島市呉服町 1-32, 892-0842
요금_ 싱글룸 4,800¥~, 더블룸 6,543¥~
전화_ 099-224-0606

그란 세레소 호텔
Gran Cerezo Hotel

위치가 중앙역에서도 멀지 않다고 생각했는데, 일부 여행자는 중앙역과 덴몬칸에서 약간 멀다는 단점이 있다고 한다. 새로 만든 호텔은 깨끗하며 룸 내부가 넓고 욕실까지 있어 숙소를 편안하게 만들어 준다. 조식도 좋고 영어로 의사소통이 가능한 친절한 직원까지 단점을 찾기 힘들어 연인이나 가족단위의 여행자에게 추천한다.

주소_ 鹿児島県鹿児島市呉服町 1-32, 892-0842
요금_ 싱글룸 4,800¥~, 더블룸 6,543¥~
전화_ 099-224-0606

아파 호텔 추오 에키마에
APA Hotel Chuo-Ekimae

간단한 조리시설인 전자렌지와 인덕션 등이 있어 조리가 가능해 자유여행자에게 인기가 높은 호텔이다. 중앙역에서 3분 정도의 거리에 있어 편리하며 중앙역의 버스와 트램을 이용해 시내로 이동이 쉬우며 공항을 가는 버스터미널이 가까워 짧은 기간의 여행자가 이용하기에 좋다.

주소_ 鹿児島市中央町 2-21-22, 890-004
요금_ 싱글룸4,540¥~, 더블룸 7,600¥~
전화_ 099-813-1111

우르빅 호텔
Urbic Hotel

가고시마 역 바로 옆에 위치한 호텔로 쇼 핑센터를 이용하기에 편리하다. 방은 작 지만 침대는 큰 편으로 크게 불편할 정도 는 아니다. 내부는 깔끔하고 깨끗하여 여 행자는 항상 만족한다. 로비에서 무료로 제공되는 커피와 24시간 운영하고 있는 수하물 보관소를 이용하기가 쉬워 여행 자의 편리성을 최대한 고려하였다. 일본 요리와 서양요리로 구성된 조식은 인기 가 높다.

주소_ 鹿兒島市中央町 1-3-1, 890-0045
요금_ 싱글룸 4,600￥~, 더블룸 7,900￥~
전화_ 099-214-3588

워싱턴 호텔 플라자
Washington Hotel Plaza

합리적인 가격 에 좋은 전망 을 가진 호텔 은 깨끗한 인 테리어를 가지 고 있다. 방이 작은 단점은 있지만, 덴몬칸 에서 3분 거리 의 가까운 거리에 있어 패키지여행자에 게 인기가 있는 호텔이다.
큰 규모의 호텔로 조식이 잘 나오고 돈키 호테에서 쇼핑을 원하는 여행자는 밤에 쇼핑을 하고 들어와도 좋아 패키지 여행 상품에 자주 등장한다. 직원들은 한국인 여행자가 많아 친절하게 질문에 답해준다.

주소_ 鹿児島県鹿児島市呉服町 12-1, 892-0844
요금_ 싱글룸 4,710￥~, 더블룸 8,940￥~
전화_ 099-225-6111

시로야마 호텔
Shiroyama Hotel

사쿠라지마 화산과 바다가 내려다 보이는 야외 천연 온천탕과 스파 때문에 시내에서 멀어도 인기가 있는 호텔이다. 스파에는 한증막, 꽃잎 목욕, 마사지를 받을 수 있다.

스카이 라운지에서 탁 트인 도시 전경을 감상하면서 아침식사를 할 수 있다. 시내에서 멀지만 덴몬칸에서 시내를 오가는 버스가 23시까지 무료로 운행되고 10분이면 도착할 수 있다. 직원은 매우 친절하고 룸의 크기가 커서 일본에서는 볼 수 없는 특별한 호텔이다.

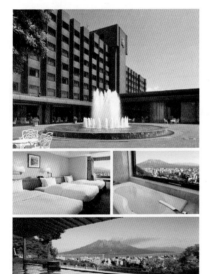

주소_ 鹿児島県鹿児島市呉服町 41-1, 890-8586
요금_ 더블룸 20,520￥～
전화_ 099-224-2211

도미 인 호텔
Dormy inn Hotel

2008년에 덴몬칸 중심에 문을 연 비즈니스 호텔이다. 객실에 2단 침대가 있어 가족 여행자에게 특히 인기가 높다. 패키지 여행에서 주로 찾는 호텔로 밤에도 쇼핑이 가능하고 나이트 라이프도 근처에 있어 쉽게 즐길 수 있다.

주소_ 鹿児島県鹿児島市呉服町17-30, 892-0847
요금_ 더블룸 13,520￥～
전화_ 099-216-5489

Kagoshima
Outskirts

가고시마 근교

에비노

이치키쿠시키노

페리 15분

가고시마

사쿠라지마

가사노하라

기차 : 약 60분
자동차 : 약 60~90분

마쿠라자키

이부스키

고속페리 : 약 1시간 45분
일반페리 : 약 4시간

야쿠시마

桜島, さくらじま

사쿠라지마

桜島, さくらじま

세계적으로 이름난 화산인 사쿠라지마(桜島)는 긴코만(錦江灣)을 사이에 두고 가고시마시 바로 앞에 우뚝 솟아 있는 가고시마의 상징이다. 동서 약 12km, 남북 약 10km, 둘레 약 55km, 면적 77㎢의 반도로 오스미(大隅) 반도와 연결되어 있다. 사쿠라지마(桜島)는 이름에서 알 수 있듯 원래는 섬이었지만 1914년 1월12일에 일어난 대폭발 당시 약100억ton의 용암이 흘러나와 폭 400m의 바다를 메우면서 육지와 연결되어 반도가 되었다. 사쿠라지마(桜島)의 현재 인구는 약 6,000명 정도로 1914년의 대폭발 이전의 인구 2만 명 정도와 비교하면 많이 감소하였다.

▶**가는 방법** (열차비 : 970¥)
가고시마 항구에서 15분 정도의 거리에 있는데 10~15분 간격으로 24시간 운항하고 있다. 자전거나 차량도 배에 실을 수 있다.

▶**운임** : 성인 150¥ / 어린이 80¥
자전거 100¥의 추가요금 / 자동차 3m 미만은 820¥, 3~4m는 1,070¥, 4~5m는 1,480¥

둘러보는 방법

사쿠라지마(桜島)는 대중교통이 불편한데 비해 섬은 넓고 관광지는 떨어져 있어서 도보여행은 고려하지 않는 것이 좋다.

렌트카
사쿠라지마(桜島)를 제대로 둘러보고 싶다면 렌터카를 이용할 수 있다.
▶2시간 4,500¥(초과시 시간당1,000¥)

관광버스

사쿠라지마(桜島) 항 앞에 09시 40분, 14시 20분에 출발하는 버스가 있다. 상대적으로 비용이 저렴한 정기 관광버스를 이용하는 것이 좋다.
▶요금 : 1,700엔

택시
일행이 3~4명 이상이라면 관광택시를 이동하는 것이 저렴하다.

자전거
만일 짧은 여행일정 때문에 사쿠라지마(桜島)의 분위기만 대충 보고 와야 한다면 사쿠라지마(桜島) 항 바로 앞에 있는 자전거 대여소에서 자전거를 빌리는 것도 좋은 방법이다.
▶요금 : 시간당 300¥, 스쿠터 2,500¥

사쿠라지마(桜島) 지형과 특산물

섬 전체로 보면 평지는 거의 없지만 북서부와 남서부의 해안가에 비교적 완만한 경사면이 있어 농지로 이용되고 있는데, 이곳에서 사쿠라지마의 특산물로 유명한 세계에서 가장 큰 무인 사쿠라지마(桜島)다이콘과 세계에서 가장 작은 귤인 사쿠라지마(桜島)미카이가 생산되고 있다.

미카이(귤)   다이콘(무)

아이스크림

사쿠라지마 지역 판매점에서 다양한 과일과 토산품을 판매하고 있는데 아이스크림이 인기상품이다. 사쿠라지마에서 생산된 특산품 중에서 작은 귤로 만든 아이스크림은 인기가 높다. 달콤하면서도 약간의 신맛이 느껴지는 소프트 아이스크림이다.

사쿠라지마 개념잡기

사쿠라지마(桜島)는 지금도 계속 연기를 내뿜고 있는 활화산으로 주요 볼거리는 섬 가장자리의 도로에 있다. 지붕달린 묘석군을 왼편으로 하고 올라가면 유노히라 전망대가 나오는데, 미나미다케에서 연기가 피어오르는 모습을 볼 수 있다.

사쿠라지마(桜島)는 현재 북에서 남으로 기타다케 1,117m, 나카다케 1,060m, 미나미다케 1,040m의 세 봉우리가 연이어 서 있다. 이 중 미나미다케는 지금도 한 해에 수십 차례에 걸쳐 폭발하는 등 활발한 화산 활동이 진행 중에 있다.

경치를 즐기고 난 후에는 해변 온천인 후루사토 관광호텔(909-221-3111)에서 온천욕을 즐길 수 있다. 욕의를 입고 입욕하는 류신 노천탕은 마치 바다와 이어진 것 같다.

방문자 센터
Visit Center

페리 터미널에서 가까운 사쿠라지마(桜島) 방문자 센터Visit Center에서 무료로 정보를 얻을 수 있다. 화산폭발의 역사, 화산 활동의 과정을 알기 쉽게 전시한 사쿠라지마(桜島) 종합안내소이다. 누구나 무료로 이용할 수 있다.

화산활동으로 생긴 다양한 용암석과 사쿠라지마(桜島) 모형 등을 전시한 코너와

대형 TV로 아름다운 사쿠라지마(桜島)의 풍경을 보여주고 있다. 사쿠라지마(桜島)를 여행하기 전에 둘러볼 만하다.

관람시간_ 09〜16시30분
전화_ 099-293-2443

용암해안공원 족욕탕
溶岩海岸公園ジョクヨクタン

용암해안공원에 있는 전체 길이가 약 100m의 일본 최대 족욕탕으로 긴코만(錦江灣)과 가고시마 시내를 보면서 천연온천을 즐길 수 있다.

사쿠라지마 산이 갑자기 분화했을 때를 대비한 대피소

사케비노쇼조
叫びの肖像

사쿠라지마(桜島)항에서 멀지 않아 사진을 찍기 위해 많이 찾는 장소이다. 사쿠라지마(桜島)에 있는 동상으로 일본의 조각가 오나리히로시(大成浩)에 의해 만들어졌으며, 높이 3.4m, 총중량 38.2t의 거대한 작품이다.

가고시마 출신의 가수인 나가부치 쓰요시가 사쿠라지마(桜島)의 채석장 철거지에서 75,000명의 관객 앞에서 콘서트(2004년 8월 21일)를 열고 난 후에 기념으로 만든 용암 조각상이다. 단순한 조각상이 있어 실망하기도 한다.

전화_ 099-226-1327

유노히라 전망대
易之平展望所

사쿠라지마(桜島) 섬에서 관광객이 가장 높이 올라갈 수 있는 373m의 전망대로 페리 선착장에서 약 2㎞ 정도 떨어져 있다. 거대한 사쿠라지마(桜島)의 위용과 맞은 편 가고시마 시가지를 볼 수 있다. 올라가는 길과 교통편이 불편해 정기 관광버스를 이용해야 한다. 현재 화산 활동을 하고 있는 남악 봉우리가 가장 멋있게 보이고 1914년의 대폭발 때 생겨난 다이쇼 용암군을 볼 수 있다.

위치_ 사쿠라지마(桜島)항에서 자동차로 15분
전화_ 099-293-2525

아리무라 용암 전망대
有村浴苦展望所

용암 고원의 한 가운데에 있는 전망대로 사쿠라지마(桜島)의 웅장함과 긴코만(錦江灣)을 파노라마 전망으로 볼 수 있다. 전망대에서 용암 고원까지 약 1㎞의 산책길은 화산지역에서만 볼 수 있다.

전화_ 099-226-1327

구로카미마이보쓰 도리이
異神理役島居

1914년 사쿠라지마 화산의 대폭발로 얼마나 분출물이 많이 나왔는지를 알 수 있는 상징적인 모습이다. 상부 1m만 남기로 화산분출물로 뒤덮인 구로카미진쟈(口神神社) 도리이를 보면 화산의 무서움을 알 수 있다.
약 30억톤의 용암과 11억톤의 돌과 화산재가 분출하여 구로카미 지구 일대는 덮여 소실되었다. 자연 재해의 무서움을 알리기 위해 복구 작업을 하지 않고 당시의 모습을 그대로 보여주기 위해 둔 역사적인 현장이다. 막상 가보면 조그맣고 지금은 흙으로 덮인 것 같아 실망을 하지만 상상으로 생각해 보아야 한다.

EATING

히노시마마메구미칸
火の島めぐみ館

사쿠라지마(桜島)를 일주하는 해안도로
에 있는 휴게소인 미치노에키 사쿠라지
마(桜島) 내에 있는 상점으로 사쿠라지마
(桜島)항에서 가까워 구경하기에 좋다.
농가에서 직접 재배한 특산품 채소와 과
일, 인근 공장에서 제조하는 유기농 잼, 과
자 등을 구입할 수 있다. 만약 겨울(12~1
월)에 간다면 사쿠라지마(桜島)의 명물인
작은 귤을 꼭 맛보자. 관내의 식당에 있는
구로부타라멘 カごしま里豚ラ-メン
(600¥)은 꽤 맛있어 인기가 높다.

영업시간_ 09~19시
　　　　(10~3월은 18시, 3째 주 월요일 휴무)
전화_ 099-245-2011

SLEEPING

후루사토 관광호텔
ふるさとホテル

사쿠라지마(桜島)의 후루사토온센古里温
지역에 있는 온천 호텔이다. 긴코만(錦江
灣)의 아름다운 풍경이 보이는 노천탕 류
진로텐부로(龍神露天風)가 유명하여 관
광객의 인기를 끌고 있다.
입장료가 비싸긴 하지만 멋진 전망을 즐
길 수 있는 개방적 분위기의 혼욕 노천탕
은 이용할 만하다. 온천만 따로 이용할 수
있고 식사와 온천을 묶음으로 이용도 가
능하다.

홈페이지_ www.furukan.co.jp
영업시간_ 08~20시
요금_ 입욕료 1,150¥
전화_ 099-221-3111

렌트카 Q & A

렌트카 차량 인수는? 공항 VS 시내
가고시마여행을 출발하기 전에 미리 렌트카를 예약한다면 공항에서 바로 차량을 인수받아 사용할 수
있다. 가고시마 시내를 들어간다면 렌트카를 공항에서 받아 가는 것은 좋지 않다. 때로 이부스키로 바
로 이동하는 여행자는 공항에서 차량을 받아 1시간정도 이동하면 이부스키에 도착할 수 있다.
토요타 렌트카 rent.toyota.jp / 닛산 렌트카 nissan-rentacar.com

국제 운전면허증과 운전면허증은 반드시 필요한가?
해외에서 운전을 하려면 반드시 국제 운전면허증을 대한민국에서 발급 받아와야 한다. 또한 국내에서
발급받은 자신의 운전면허증도 필요하다. 렌트카는 차량을 반납하고도 문제가 발생하면 렌트카 회사
에서 결제를 하려고 신용카드도 있어야 하는 경우가 대부분이다. 때로 대마도같은 경우에는 현금으로
만 가능하기도 하지만 일반적인 렌트카에서는 신용카드나 체크카드를 요구한다.

指宿

이브스키

가고시마 만의 입구에 있는 이부스키는 남쪽에 있기 때문에 연중 따뜻한 날씨를 유지한다. 또한 기리시마 화산대에 속해 있어 온천이 유명하다. 그중에서 이부스키 해변을 1m정도 파면 온천수가 솟아나 해변까지 온천수가 흐른다. 이것을 이용해 해변의 모래를 파고 안으로 들어가 모래찜질을 하는 온천이 특색이 있어 관광객을 끌어 모으고 있다. 위장병, 류마티스, 비만, 미용에 탁월한 효과를 보인다고 알려져 있다.

▶가는 방법 (열차비 : 970￥)

가고시마 시내의 중앙역에서 JR 쾌속 나노하나(약 50~55분 소요)와 보통열차(약 60~70분 소요)를 이용해 이부스키역에 도착한다.

왼쪽 보통열차, 오른쪽 JR 쾌속 나노하나 ▶

이부스키(指宿) 여행 개념잡기

이부스키(指宿) 온천을 이용하는 관광객은 대부분 가고시마 여행에서 빼놓을 수 없는 부분이다. 그런데 가고시마 시에서 1시간 정도 소요되는 이부스키로의 이동은 열차를 타는 것이 쉽지 않다. 왜냐하면 열차가 1시간에 1대씩 있는데 버스가 열차의 시간에 맞추어 이부스키역에 도착하지 않기 때문에 급하게 여행계획을 만들면 열차를 기다리는 시간이 최대 1시간까지 남는다.

1. 이부스키(指宿) 역에 도착해 열차의 시간표를 먼저 확인해야 한다.

시간표

	평일/토요일/휴일용				평일/토요일/휴일용		
4	•48			4			
5	33			5	57		
6	18	•52		6			
6	18	•52		7	•21	•28	
7	•28			8	08		
8	•08			9	00		
9	•01	31	•42	10	•10	•51	
10	•10	•57		11	•27	•34	•58
11	•27			12	•11		
12	•13	•56		13	•18	•51	
13	•32			14	•17		
14	•36			15	•02		
15	•07	•53		16	•16	•30	
16	•40			17	•14	•40	
17	•26	•52		18	•28	•30	
18	•29			19	•48	•59	
19	•48			20	•24		
20	•42			21	•21		
21	•16			22	•10		
22	•26			23	•08		
23				0	•06		
0							

2. 출구로 나와 버스를 타고 모래찜질 온천으로 이동해야 한다. 출발하는 버스는 횡단보도를 건너 타야하고 돌아오는 버스는 왼쪽의 족욕탕 앞에 내린다.

3. 버스비는 거리에 따라 버스 내부의 정면에 표시가 되어 현금으로 계산해야 한다. 그러므로 동전을 먼저 준비하자.

4. 모래찜질은 스나무시카이칸 사라쿠(砂むし會館 砂樂)와 헬씨랜드 로텐부로(ヘルシーランド露天風呂) 2곳이다.
   이부스키(指宿)시에서 운영하는 곳은 스나무시카이칸 사라쿠이고 노천온천과 함께 바다를 시원하게 볼 수 있는 모래찜질은 헬씨랜드이니 확실히 어디를 갈지 정하고 버스를 탑승해야 한다.

5. 모래찜질 입장 티켓비에 유카타는 포함되나 수건은 포함되어 있지 않아 사전에 준비하면 좋다.

6. 온천을 끝내고 나와서 온천수로 삶은 고구마와 달걀은 색다른 꿀맛을 선사한다.

모래찜질 순서

1. 티켓을 구입하고 입장한다.(티켓 비용에 유카타는 포함되나 수건은 포함되어 있지 않아 사전 준비요망)
2. 유카타로 갈아입고 모래찜질 장소로 이동한다.
3. 모래에 누우면 직원이 모래를 덮어준다.
4. 시간이 지나면서 땀이 나고 10~15분이 지나면 시원한 느낌을 받는다.
5. 모래를 깨끗이 씻어 내고 욕탕으로 이동한다.

모래찜질 주의사항

1. 15분 이상의 장시간 모래찜질은 저온 화상을 일으킬 수 있다.
2. 뜨겁다고 느껴지면 참지 말고 직원에게 알린다.
3. 모래에서 일어날 때는 옆 사람을 생각해 바로 일어서지 말고 앉은 다음 손과 가슴의 모래를 털고 천천히 일어난다.
4. 모래가 옆 사람에게 튀었을 때는 바로 사과를 한다.

티켓구입순서

1. 한국어선택

2. 노천탕포함인지 제외인지 선택

3. 인원선택

4. 지폐나 동전 투입

스나무시카이칸 사라쿠
砂むし會館砂楽

이부스키(指宿)로 여행가는 이유는 모래 찜질(砂むし) 온천이 주된 이유이다. 이부스키(指宿) 시에서 직접 운영하는 대표적 온천으로 이부스키 역에서 가까워 모래 찜질만 원하는 관광객이 주로 찾는다.

이부스키(指宿) 역에서 출발해 첫 정거장이니 앞자리에 탑승하고, 버스에 탑승할

때 버스기사에게 정확하게 이야기하면 기사가 알려준다.

홈페이지_ www11.ocn.ne.jp
영업시간_ 08시 30분~21시
요금_ 입욕료 900¥(유카타 포함, 수건 미포함)
전화_ 0993-23-3900

이부스키 이와사키 호텔

指宿いわさきホテル

이부스키(指宿) 역에서 2번째 정거장으로 이와사키 호텔은 리조트형 호텔이어서 큰 규모의 호텔이다. 호텔 안으로 버스가 들어가는데 정원에 골프장, 축구장, 테니스장, 수영장 등 많은 시설이 있어 오랜 시간을 즐기러 온 일본인이 많다.

특히 50대 이상의 고객이 주로 이용하여 젊은 분위기가 아니어서 외부이용객은 거의 없다. 호텔에서 운영하는 모래찜질 온천이 있다. 스나무시카이칸보다 150¥이 더 비싸지만 호텔의 최신 시설을 이용할 수 있는 장점이 있다.

방의 크기도 매우 커서 트윈룸에 엑스트라 베드를 넣어도 침대 간 간격이 여유가 있다. 한국인 직원이 있어 편리하다.

대욕장은 2개인데, 하나는 일반적인 대욕장이며, 모래찜질에 바다를 내려다보는 실내온천이 한적하게 즐기기 좋다. 저녁은 이태리, 중식, 일식 중 선택이 가능하다. 여름에는 특정요일에 폭죽놀이를 진행하기도 한다.

홈페이지_ ibusuki.iwasakihotels.com
주소_ 児島県指宿市十湯二の町浜 3755
위치_ 이부스키(指宿) 역에서 출발해 2번째 정거장
영업시간_ 05시30분~23시
전화_ 0993-22-2131

족욕 즐기기

이부스키에서 온천을 즐기러 갈 때나, 즐기고 돌아올 때 열차시간까지 짜투리 시간이 남게 된다. 이때 온천기분을 느낄 수 있는 족욕을 해보자. 전 연령대에서 큰 인기로 특히 가족 여행자라면 다 같이 즐겨보자. 발을 담그고 앉아서 대화를 나눈다면 속마음도 털어놓기가 좋다.

헬씨랜드 로텐부로행 버스 시간표
평일기준
▶ 이브스키역 출발 : 08:20, 08:25, 10:30, 12:20, 14:00, 15:40
▶ 헬씨랜드 출발 : 09:36, 10:51, 12:06, 13:46, 14:56, 17:05
주말기준
▶ 이브스키역 출발 : 07:50, 08:20, 09:25, 10:30, 12:20, 14:00,
    15:40, 16:15
▶ 헬씨랜드 출발 : 09:36, 10:51, 12:06, 13:46, 14:56, 17:06, 17:41

헬씨랜드 로텐부로
ヘルシーランド露天風呂

이부스키(指宿)에서 가장 아름다운 해변의 풍경을 감상하면서 모래찜질과 노천온천까지 즐길 수 있는 최고의 온천이다. 1년 내내 푸른 바다가 펼쳐지고 오른쪽으로 우뚝 솟아있는 가이몬 다케가 보여 웅장하기까지 하다.

이부스키를 방문하는 많은 관광객은 헬씨랜드로 가서 모래찜질과 노천온천을 즐긴다. 모래찜질 후 온천수로 삶은 달걀과 고구마는 별미이다.

주소_ 鹿児島県指宿市福元 3340
위치_ 이부스키(指宿) 역에서 출발해 10번째 정거장
영업시간_ 09시 30분~19시
    (11~3월까지 18시 30분/매주 목요일 휴무)
요금_ 입욕료 1,130￥(1~13세 620￥)
전화_ 0993-35-3577

이케다코
泯田湖

스코틀랜드의 하이랜드의 인버네스 호수를 모방해 괴물호수로 호수를 알리기 시작했다. 1961년 거대한 생물이 존재한다는 소문이 돌았는데 거짓말이라는 설이 정설이다. 그래서 호수 입구에는 웃음이 나오는 석상이 있다.

규슈 최대의 칼데라 호수로 약 5,500년 전에 분화로 만들어졌다. 지금이 약 3.5km, 둘레 15km, 수심 223m에 이르는 이케다코 주변은 봄마다 아름다운 유채꽃이 많이 피어 관광객이 절정에 이른다. 호수에서 잡히는 무태장어가 있지만 너무 남획되어 지금은 천연기념물로 지정되었다.

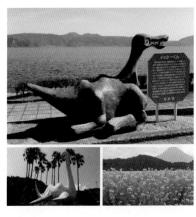

이케다코행
▶이부스키 출발 : 09:50, 13:10, 16:05 (주말 운행 안함)
▶이케다코 출발 : 08:44, 10:34, 11:39, 15:14

주소_ 鹿児島県指宿市 田湖
위치_ 이부스키(指宿) 역에서 출발해 가이몬에키마
　　　　방향으로 30분 이동
전화_ 0993-22-2111(이부스키 상공관광과)

나가사키바나
長崎鼻

용궁의 코(竜宮鼻)라는 별명을 가진 사쓰마 반도의 남쪽에 있는 풍경이 아름다운 장소이다. 굽어있는 해안 풍경에 나가사키바나 등대에서 가이몬다케(開聞兵)의 웅장한 모습을 감상할 수 있다.

풍경이 아름답기는 하지만 다른 관광기반시설이 없어 관광객을 많이 끌어모으지는 못하고 있다. 여름과 가을의 해지는 풍경이 아름답기로 유명하여 보고 싶다면 다시 가고시마로 당일에 돌아가기는 힘들다. 근처에 전설이 내려오는 류구진자(竜宮神社)가 있다.

위치_ 나가사키바나 역에서 하차
전화_ 0993-22-2111

가이몬다케
開聞兵

가이몬다케(開聞兵)는 '후지산'과 비슷하다고 하여 사쓰마의 '후지산'이라는 별칭을 가지고 있을 정도로 웅장하다. 약 4,000년 전에 활발한 화산 활동을 한 원추형 화산으로 885년에 분화하여 지금의 형태를 갖게 되었다.

높이가 낮지만 등산로가 잘 정비되어 산에 오르면 파노라마 풍경에 감탄한다. 많은 날에는 가이몬다케(開聞兵)에서 야쿠시마(居久島)까지도 관찰할 수 있다고 한다. 산을 오르면 산기슭에 말을 키우고 아열대식물도 보여 제주도와 풍광이 비슷한 느낌을 받는다.

가이몬다케 왕복 버스 시간표
평일기준
▶이브스키역 출발 : 07:00, 09:10, 10:50, 12:40, 14:30, 16:25, 17:30
▶사이몬구치 출발 : 07:53, 08:53, 11:03, 12:45, 14:33, 16:23, 18:18

주말기준
▶이브스키역 출발 : 09:10, 11:00, 14:30, 17:30
▶나가사키바나 출발 : 08:53, 11:03, 12:45, 16:23

위치_ 이부스키 역에서 약 40∼50분
전화_ 0993-22-2111

니시오야마(西大山驛)

JR 최남단역인 니시오야마(西大山驛)는 폐쇄된 역이었다가 지금은 무인역으로 관광객이 사진을 찍으러 오는 역이다. 일본도 역시 기차역을 이용하는 인구가 줄어들면 폐쇄했다가 '최남단'이라는 문구로 지금은 최남단 역으로 소박한 역을 보기 위해 방문한다.

근처로 오는 버스가 없어서 찾아가기 쉬운 곳은 아니지만 JR패스 등을 이용해 올 수 있다. 니시오야마까지 올 수 있는 기차가 하루에 몇 대 없는 점을 생각하고 일정을 계획해야 하니 3박4일 이상의 여행일 때 방문을 추천한다. 근처의 상점에서 일본 최남단 역 도착 증명서를 100¥에 팔고 있는데, 기념으로 반드시 가지고 간다.

EATING

멘야 지로
Menyajiro

이부스키역에서 왼쪽으로 도로를 따라가
면 세븐일레븐 편의점이 나오는데 횡단
보도 건너기 전의 왼쪽에 위치해 있다.
2017년 8월에 문을 열었지만 뉴욕에도 라
멘집이 인기가 있어 단시간에 이부스키
의 맛집으로 올라있는 식당이다.
가격도 600¥부터 시작되어 부담도 없다.
일단 먹으면 빠져드는 맛이 일반적인 일
본의 라멘과는 다른 맛이다.

홈페이지_ www.menyajiro.com
주소_ 指宿市開聞十町 1934-4
영업시간_ 11:00~16:00, 18:00~02:00
전화_ 099-324-5742

도센쿄
唐船峽

TV프로그램인 배틀트립에 소개된 흐르는 물에 젓가락으로 감기는 면을 먹는 유명한 소멘나가시이다. 차가운 물에서 흐르는 면은 쫄깃하고 맛있게 먹으면 된다. 국수의 질감이 좋고 물이 쏙 빠져나가 먹기에 좋다. 여기에서 또한 회도 주문하지만 신선도가 높지는 않아서 국수에 맥주 정도 먹으면 될 것이다.

주소_ 指宿市開聞十町 5967
영업시간_ 11:00~16:00, 18:00~02:00
전화_ 0993-32-2143

초주안
焦儔峽

도센쿄(唐船峽)와 비슷한 이부스키의 음식점으로 역시 소멘나가시로 차가운 물에서 흐르는 면이 쫄깃하다. 도센쿄 근처에는 흐르는 물에 국수를 잡아 면을 먹는 식당이 몇곳이 있다. 도센쿄에 이어 초주안도 인기가 많다.

홈페이지_ www.ibusuki.or.jp
주소_ JR이부스키역에서 가고시마교통버스의 가이몬에키・히가시오오카와행 버스에 탑승하여 도센쿄 정류장에서 하차 (약 30분 소요)
주소_ 指宿市開聞十町 5967
영업시간_ 오전 10시 영업시작
4/1~4/28 17:00, 4/29~5/8 19:00, 5/9~6/30 17:00,
7/1~7/19 19:00, 7/20~8/31 20:00, 9/1~9/30 19:00,
10/1~10/31 17:00, 11/1~2/28 15:00, 3/1~3/31
17:00(연중무휴)
전화_ 0993-32-3155

온타마란돈 초주안
焦儒峽

야마와에서 생산되는 고구마 계란을 이부스키의 모래찜질에서 삶아내어 가고시마 흑돼지나 참치에 올려 먹는 덮밥을 이야기한다. 고구마와 가다랑어 머리를 으깨 먹이는 닭은 DHA함유량이 특히 높다고 한다.

이 온타마란돈을 이용한 맛집이 초주안이다. 흑돼지를 이용한 소보루동과 참치가 들어간 사시미동, 밥에 양배추를 올려 잘게 다진 흑돼지에 계란을 올린 요리가 특히 인기메뉴이다.

주소_ 指宿市開聞十町 2167-1
영업시간_ 10:00～20:00
전화_ 0993-22-5272

구로부타토 교도
黑豚地熖

이부스키 역에서 가까워 기차를 기다리면서 빨리 먹을 수 있는 식당으로 오랜 시간 이부스키의 맛집으로 알려져 있다. 구운 돼지고기와 삶은 달걀을 밥에 올려놓아 마지막을 플레이팅한다. 다양한 돈가스와 회 등은 이부스키 역에서 기차를 기다리면서 먹으면 여행의 추억을 살릴 수 있는 곳이다.

주소_ 指宿市開聞十町 1-2-11
영업시간_ 11:00～20:00
전화_ 0993-22-3356

居久島

야쿠시마

야쿠시마(居久島)가 지금의 인기를 얻게 된 것은 미야자키 하야오 감독의 인기 에니메이션 '원령공주(もののけ姫)'의 배경이 된 섬으로 나왔기 때문이다. 가고시마에서 남쪽으로 약 60km지점에 있는 오각형 모양의 섬으로 면적은 약 504km이다. 규슈에서 가장 높은 산인 해발 1,936m의 미야노우라다케가 우뚝 솟아 있다. 남쪽 바다에서 불어오는 수증기를 많이 함유한 바람이 높은 산에 부딪쳐 거의 매일 비가 온다라는 말이 있을 정도로 강수량이 많은 섬이다. 강수량이 많은 아열대 섬이 원시림이 그대로 보존되어 1993년 유네스코에서 지정한 세계자연유산으로 등록되었다.

가는 방법
▶항공 : 가고시마 국내선으로 30분 정도 지나면 야쿠시마 공항에 도착한다.
▶페리 : 고속페리는 1시간 45분 정도, 일반페리는 4시간 정도 소요되어 미야노우라항에
　　　도착한다.

야쿠시마(屋久島) 개념잡기

야쿠시마(屋久島)는 1,000m이상의 산으로 이루어져 있어 버스의 운행편수가 적어 대중교통은 매우 불편하다. 야쿠시마 여행은 대부분 짧은 시간의 렌트를 하여 다니기 때문에 노선버스를 타고 다닐 경우는 거의 없다. 현지인들은 등산을 위해 야쿠시마에 온 관광객으로 약 8시간의 등산으로 왕복이 가능하기 때문에 아침 일찍 야쿠시마로 와서 등산을 하고 다시 가고시마로 돌아가는 일본인이 대부분이다. 야쿠시마를 제대로 보려면 2박3일은 필요하다.

추천일정
야쿠시마(屋久島) 미야노오루항(도보 5분) → 환경문화촌센터(자동차 30분 / 버스 50분) → 시라타니운스이쿄(자동차 40분 / 버스 50분) → 센피로노타키(자동차 15분 / 버스 25분) → 야쿠스니랜드

시라타니운스이쿄 대표적인 코스

시라타니이리구치(白谷入口 / 걸어서 10~20분) → 히류오토시(飛竜おとし / 걸어서 5~10분) → 니다이오스기(二代大杉 / 걸어서 60~80분) → 구구리스기(くぐり杉 / 걸어서 5~10분) → 시라타니고야(白谷小屋 / 걸어서 10~20분) →모노노케히메노모리(もののけ姫の森)

시라타니이리구치 | 白谷入口
시타타니운스이쿄의 입구로 오른쪽으로 돌아 산택로로 들어가면 삼나무인 야요이스기를 볼 수 있고 그 길을 따라 직진만 해야 한다. 다른 곳으로 들어가면 길을 잃는다.

히류오토시 | 飛竜おとし
용이 몸을 비틀며 올라가는 모습이 연상되는 폭포이다. 폭포를 감상하도록 길옆에는 의자가 있으니 쉬어가자.

니다이오스기 | 二代大杉
거대한 야쿠스기로 높이가 32m나 되고 둘레가 4.4m에 이르는 나무에 구멍이 나 있는데 사람이 지나갈 수 있을 정도이다.

구구리스기 | くぐり杉
원령공주(모노노케히메노모리/もののけ姫리)의 출입문으로 나온 야쿠스기인데 가장 몽환적인 분위기이기 때문에 에니메이션의 장면이 연상된다. 쓰러진 나무는 말라 흔적만 남아 있고 주변에 기생하는 이끼류가 비와 안개가 어울려 꿈속의 한 장면을 연상시킨다.

시라타니고야 | 白谷小屋
걷다가 화장실을 이용하고 싶다면 꼭 들러야 하는 무인 산장으로 쉬면서 코스에서 만난 사람들과 이야기 나누기 좋다.

모노노케히메노모리 | もののけ姫の森
왜 야쿠시마에 왔냐고 묻는다면 이곳을 보기 위해 온 것이라고 대부분의 관광객이 대답한다. 신비한 숲으로 압도적이고 아름다운 풍경이 원령공주(もののけ姫)의 한 장면을 연상하게 된다.

환경문화촌센터
環境文化村センター

야쿠시마(居久島) 여행을 하려면 지도와 정보가 필요하기 때문에 반드시 들러 자연, 문화, 생활에 대한 정보(무료)를 얻는 것이 좋다. 인간과 자연의 공생을 섬에 만들기 위해 개관하여 섬의 자연을 영상으로 소개하고 동식물과 야쿠시마(居久島)에서의 삶에 대해 소개하고 있다.

홈페이지_ www.yakushima.or.jp
주소_ 鹿児島県熊毛郡屋久島町宮之浦823-1
위치_ 미야노우라 항에서 도보5~10분 소요
시간_ 09~17시 (매주 월요일 휴무)
전화_ 553-8140

시라타니운스이쿄
白浴雲水坪

미야노우라가와(宮之浦川)의 하천인 시라티가와(白浴川) 상류에 있는 자연 휴양림으로 원시림과 청정 자연이 어우러져 만들어진 협곡이다.

해발 800m의 계곡 주변으로 광대한 지역에 수천그루의 나무와 꽃들이 원시의 자연 그대로 자리 잡고 있는데, 생태박물관이라고 할 정도이다. 수려한 자연 풍경은 미야자키 하야오 감독의 에니메이션 원령공주(もののけ姫)의 배경이 되어 유명해졌다.

계곡에는 다양한 산책코스가 있어 시간에 맞추어 여행을 하면 된다. 코스는 어렵지 않기 때문에 자신의 여행시간에 맞추어 산책을 하면 된다.

주소_ 鹿児島県熊毛郡屋久島町宮之浦
입장료_ 500¥ (삼림정비 협력금)
전화_ 0997-49-4010(야쿠시마 관광협회)

센피로노타키
千尋の滝

미야자키하야오 감독의 에니메이션인 센과 치히로의 행방불명(千と千尋の神隠し)에서 치히로(千尋)라는 이름을 따온 폭포로 거대한 화강암 지대의 못초무다케(モッチョム岳)에 있는 폭포이다.

오랜 세월에 걸쳐 흐르는 강물의 힘이 만들어낸 'V자형 협곡'사이로 내려오는 폭포수를 보면 가슴이 뻥 뚫린다. 야쿠시마에서 가장 아름다운 폭포로 알려져 있다.

주소_ 鹿児島県熊毛郡屋久島町原
전화_ 0997-49-4010(야쿠시마 관광협회)

야쿠스기랜드
ヤクスギンド

해발1,000~1,300m에 있는 서울의 절반 정도의 엄청난 크기의 섬에 자연 상태 그

대로 원시림이 눈앞에 펼쳐진 자연 휴양림으로 만들었다. 4가지의 코스가 있는데, 대부분 1시간 20분의 가장 짧은 코스를 선택한다. 6㎞ 정도의 코스에는 수령 3,000년이 된 기겐스키와 각종 기생 식물이 붙은 장면을 볼 수 있다.

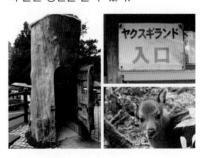

주소_ 鹿児島県熊毛郡屋久島町國有林內
시간_ 09~17시
요금_ 500¥
전화_ 0997-49-4010

야쿠스기랜드 가이드 지도

조몬스기
繩文杉

아라카와 댐(荒川ダム)의 등산로부터 왕
복 8~9시간 정도의 등산 코스를 걸어간
다. 높이 25.3m, 둘레 16.4m, 수령 7,200년
이라는 엄청난 나이를 가진 야쿠시마의
상징인 야쿠스기(屋久杉)의 대표 삼나무
이다. 인간의 역사보다 오래된 숲과 신처
럼 숭배를 받는 삼나무를 보면 감탄만 절
로 나온다. 이곳은 대부분 가이드와 함께
동행 하는데 혼자서 길을 잘못 들어가면
헤매기 쉬운 곳이다.

위치_ 공항에서 자동차로 60~70분 정도 소요
전화_ 0997-49-4010

오코노타키
大川の滝

88m의 높이에서 내려오는 야쿠시마 최대
의 폭포로 엄청난 물의 양이 바위를 따라
떨어지는 모습이 장엄하다. 수량에 따라
모습이 천차만별이라 실망도 하고 감탄
도 한다. 폭포수의 물보라가 피어오르기
때문에 방수되는 옷을 입고 다가가는 것
이 좋다.

여행 일본어 기본 단어

여권	パスポート	파스포-토
비자	ビザ	비자
경찰	警察	케이사츠
대사관	大使館	타이시칸
지갑	財布	사이후
환전소	両替所	료-가에쇼
항공권	航空券	코-쿠-켄
티켓	チケット	치켓토
열차표	列車切符	렛샤킷푸
비행기	飛行機	히코-키
열차	列車	렛샤
버스	バス	바스
돈	お金	오카네
택시	タクシー	타쿠시
지하철	地下鉄	치카테츠
공항	空港	쿠-코-
철도역	鉄道駅	테츠도-에키
화장실	トイレ	토이레
입장권	入場券	뉴-죠-켄
박물관	博物館	하쿠부츠칸
영업시간	営業時間	에-교지칸
휴식	休み	야스미
카메라	カメラ	카메라
식당	レストラン	레스토랑
바	バー	바-
매점	売店	바이텐
전화	電話	뎅와
스포츠센터	スポーツジム	스포츠지무
마사지	マッサージルーム	맛사지루무
비즈니스센터	ビジネスセンター	비지네스센타
여행 안내소	旅行案内所	료코-안나이죠
입국 카드	入国カード	뉴-코쿠카-도
장거리 버스	長距離バス	쵸-쿄리바스
택시 승차장	タクシー乗り場	타쿠시노리바

여행 일본어 필수회화

일본어	발음	한국어
おはよう	오하요	안녕하세요(아침인사)
今日	콘니치와	금일
今晩は (こんばんは)	콘방와	안녕하십니까. (밤에 만났을 때 하는 인사말)
さようなら	사요나라	안녕히 가십시오.
はい	하이	네.
いいえ	이이에	아니요.
ありがとう	아리가토	고맙다.
どういたしまして	도우이타시마시테	천만의 말씀입니다.
すみません	스미마셍	죄송(미안)합니다.
ごめんなさい	고멘나사이	미안(죄송)합니다. (자신의 실수를 사과하는 말)
私 (私たち)	와타시(와타시타치)	나(개인적인것), 저
あなた	아나타	당신, 귀하
彼 (彼たち)	카레(카레타치)	저것(먼것을 가리키는 말)
彼女 (彼女たち)	카노죠(카노죠타치)	그 여자
いくらですか	이쿠라데스카	얼마예요?
わかりません	와카리마셍	모르겠습니다.
私は韓国人です	와타시와 칸코쿠진데스	저는 한국인입니다.
私の名前は〜です	와타시노 나마에와〜데스	제 이름은 〜입니다.
あなたのお名前は	아나타노 오나마에와	당신의 이름은 무엇입니까?
私は日本語が話せません	와타시와 니혼고가 하나세마셍	저는 일본어를 못합니다.
いります	이리마스	있습니다.
いりません	이리마셍	필요 없습니다.

〈기내에서〉

일본어	발음	한국어
毛布を1枚貸して下さい。	모후오 이치마이 카시테 쿠다사이	담요를 1장 빌려주세요.
あちらの 席に代わっても いいですか.	아치라노 세키니 카왓테모 이이데스카	저쪽 자리로 바꿔도 될까요?
気分が悪くなりました。	키분가 와루쿠나리마시타	기분이 나빠졌어요.
コーヒー（ビール） をお願いします。	코-히-(비-루)오 오네가이시마스	커피(맥주)를 부탁합니다.
入国カードの 書き方を 教えて下さい。	뉴-코쿠카-도노 카키카타오 오시에테쿠다사이	입국 카드 작성 법을 가르치세요.
乗り物酔いの 薬があったら 欲しいんですが。	노리모노요이노 쿠스리가앗타라 호시인데스가	멀미 약이 있다면 갖고 싶은데.
薬を飲むので水を下さい。	쿠스리오 노무노데 미즈오 쿠다사이	약을 먹을 수 있게 물 좀 주세요.
ライト（イヤホン）が こわれています。	라이토(이야혼)가 코와레테이마스	라이트(이어폰)이 부서졌습니다.

〈공항에서〉

일본어	발음	한국어
渡航の目的はなんですか.	토코-(료-코-)노 모쿠테키와 난데스카?	출국 목적은 무엇입니까?
観光です.	칸코-데스	관광입니다.
荷物が出てこないんですが.	니모츠가 데테코나인데스가	짐이 나오지 않습니다.
申告するものはありません.	신코-스루모노와 아리마셍	신고할 것이 없습니다.
両替所はどこですか.	료-가에쇼와 도코데스카	환전소는 어디 있어요?
リコンファー ムしたいんですが	리콘화-무 시타인데스가	재확인하고 싶어요.
タクシー乗り場 はどこですか	타쿠시 노리바와 도코데스카	택시 승강장이 어디에 있어요?
搭乗ゲートは何番ですか	토-죠-게-토와 난반데스카	탑승 게이트는 몇번입니까?
禁煙席をお願いします	킨엔세키오 오네가이시마스	금연석을 부탁합니다

〈택시에서〉

일본어	발음	한국어
～までお願いします.	～마데 오네가이시마스	～까지 부탁 드립니다.
～までいくらですか.	마데 이쿠라데스카	～까지 얼마입니까?
ここで止めて下さい.	코코데 토메테쿠다사이	여기서 멈추세요.

〈호텔에서〉

일본어	발음	한국어
空いてる部屋はありますか.	아이테루 헤야와 아리마스카	빈방이 있습니까?
1泊いくらですか.	잇파쿠 이쿠라데스카	1박 얼마입니까?
カギを無くしました.	카기오 나쿠시마시타	열쇠를 잃어버렸습니다.
トイレが故障しています.	토이레가 코쇼―시테이마스	화장실이 고장 났습니다.
お湯が出ません.	오유가 데마셍	온수가 나오지 않아요.
明日6時に起こして下さい.	아시타 로쿠지니 오코시테쿠다사이	내일 6시에 깨워서 주세요
チェックアウトしたいんですが	체쿠아우토 시타인데스가	나가고 싶어요
タクシーを呼んで下さい.	타쿠시오 욘데쿠다사이	택시를 부르세요
荷物を (～時まで) 預かってください.	니모츠오 (～지마데) 아즈캇테쿠다사이	짐을(～때까지) 맡아 주세요.
両替してください.	료―가에시테 쿠다사이	환전해 주세요.

〈거리관광〉

일본어	발음	한국어
トイレはどこですか.	토이레와 도코데스카	화장실은 어디예요?
ここで写真を撮ってもいいですか.	코코데 샤신오 톳테모 이이데스카	여기서 사진을 찍어도 돼요?
切符売り場はどこですか.	킷푸우리바와 도코데스카	매표소는 어디인가요?
このバスは～に行きますか.	코노바스와 ～니 이키마스카	이 버스는～로 갑니까?

〈거리관광〉

일본어	발음	한국어
何時に発車しますか.	난지니 핫샤시마스카	몇시에 출발합니까?
途中どこに止まりますか.	도츄―도토니 토마리마스카	도중에 어디서 멈춥니까?
～に着いたら教えてもらえませんか.	～니 츠이타라 오시에테 모라에마셍카	～에 도착하면 알려 주시겠습니까?

〈쇼핑〉

일본어	발음	한국어
それを見せて下さい.	소레오 미세테쿠다사이	그것을 보여주세요.
もっと安いのはありませんか.	못토 야스이노와 아리마셍카	더 싼 것은 없나요?
試着してもいいですか.	시챠쿠시테모 이이데스카	입어 봐도 됩니까?
きつすぎます (ゆるすぎます).	키츠스기마스/유루스기마스	작습니다./큽니다.
ちょっと見るだけです.	촛 토 미루 다케데스	좀 보겠습니다.
高すぎます.	다카스기데스	너무 비싸요.
もう少し安くしてください	모―스코시 야스쿠 시데쿠다사이	조금만 더 싸게 해주세요.
これをください.	코레오 쿠다사이	이거주세요.
これだけで結構です.	코레다케데 켓코데스	이것으로 됐습니다.
クレジットカードは使えますか.	크레짓토 카―도와 츠카에마스카	신용카드도 괜찮습니까?
別々に包んで下さい.	베츠베츠니 츠츤데쿠다사이	따로따로 포장해 주세요.
勘定が違います.	칸죠―가 치가이마스	계산이 틀립니다.
別のものと取り替えてください.	베츠노모노토 토리카에테 쿠다사이	다른 것과 바꿔 주세요.

〈레스토랑에서〉

일본어	발음	한국어
～料理のお店はありますか.	～료―리노 오미세와 아리마스카	～요리점은 있습니까?

〈레스토랑에서〉

일본어	발음	한국어
予約がなくても かまいませんか.	요야쿠가 나쿠테모 카마이마셍카	예약하지 않아도 괜찮습니까?
注文をお願いします.	츄-몬오 오네가이시마스	1주문을 받아주세요.
カギを無くしました.	카기오 나쿠시마시타	열쇠를 잃어버렸습니다.
これはどういう料理です.	코레와 도우이우 료-리데스카	이것은 무슨 요리입니까?
注文した料理と違います.	츄-몬시타 료-리토 치가이마스	주문한 요리와 다릅니다.
お勘定お願いします.	오칸죠- 오네가이시마스	계산해 주세요.
これは何の料金ですか	코레와 난노 료-킨데스카	이것은 무슨 요금입니까?
領収書下さい.	료-슈-쇼-쿠다사이	영수증 주세요.

〈엔터테인먼트〉

일본어	발음	한국어
入場料はいくらですか	뉴-죠-료-와 이쿠라데스카	입장료는 얼마입니까?
～のチケットはどこで 買えますか.	～노 치켓토와 도코데 카에마스카	이 티켓은 어디서 구합니까?
～はどこで公演 していますか.	～와 도코데 코-엔 시테이마스카	～은 어디서 공연합니까?
舞台に近い席に してください.	부타이니 치카이세키니 시테쿠다사이	무대 가까운 자리를 주세요.

〈문제가 생겼을 때〉

일본어	발음	한국어
どうしたのですか.	도-시타노데스카	무슨 일입니까?
風邪をひいています.	카제오 히이테이마스	감기에 걸렸습니다.
迷子になりました.	마이고니 나리마시타	길을 잃었습니다.
助けて！	다스케테	살려주세요!
ドロボウ！	도로보-	도둑이야!

〈문제가 생겼을 때〉

일본어	발음	한국어
やめてください.	야메테쿠다사이	그만둬주세요.
パスポートを無くしました.	파스포-토오 나쿠시마시타	여권을 잃어버렸습니다.
警察を呼んで下さい.	케이사츠오 욘데쿠다사이	경찰을 불러주세요.
韓国語が話せる人を呼んで下さい	칸코쿠고가 하나세루히토오 욘데쿠다사	한국어를 할 수 있는 사람을 불러 주세요.
病院に連れていって下さい.	뵤-인니 츠레테잇테 쿠다사이	병원에 데려가 주세요.
熱があります.	네츠가 아리마스	열이 있습니다.
韓国語が話せる病院はありますか.	칸코쿠고가 하나세루 뵤-인와 아리마스카	한국어가 가능한 병원이 있습니까?

기본 단어

1	いち	이치	1시간	1時間	이치지칸
2	に	니	1개월	1ヶ月	잇카게츠
3	さん	산	월요일	月曜日	게츠요우비
4	よん/し	욘/시	화요일	火曜日	카요우비
5	ご	고	수요일	水曜日	스이요우비
6	ろく	로쿠	목요일	木曜日	모쿠요우비
7	なな/しち	나나/시치	금요일	金曜日	킨요우비
8	はち	하치	토요일	土曜日	도요우비
9	きゅう	큐-	일요일	日曜日	니치요우비
10	じゅう	쥬-	크다	大きい	오-키이
100	ひゃく	햐쿠	작다	小さい	치이사이
1000	せん	센	많다	多い	오-이
10000	まん	만	적다	少ない	스쿠나이
금일	今日	쿄우	좋다	いい	이이
내일	明日	아시타	나쁘다	悪い	와루이
어제	昨日	키노우	비싸다	高い	다카이
아침	朝 (あさ)	아사	싸다	安い	야스이
밤	夜 (よる)	요루	덥다	暑い	아츠이
오전	午前 (ごぜん)	고젠	춥다	寒い	사무이
오후	午後 (ごご)	고고	사다	買う	카우
주(7일)	週 (しゅう)	슈	먹다	食べる	타베루
월	月 (つき)	가츠/게츠	있다	ある	아루
일	日 (じつ)	히/니치	없다	ない	나이
일분	1分	잇 푼	오른쪽	右	미기
30분	30分	산쥬분	왼쪽	左	히다리

조대현

63개국, 298개 도시 이상을 여행하면서 강의와 여행 컨설팅, 잡지 등의 칼럼을 쓰고 있다. KBC 토크 콘서트 화통, MBC TV 특강 2회 출연(새로운 나를 찾아가는 여행, 자녀와 함께 하는 여행)과 꽃보다 청춘 아이슬란드에 아이슬란드 링로드가 나오면서 인기를 얻었고, 다양한 여행 강의로 인기를 높이고 있으며 "해시태그 트래블" 여행시리즈를 집필하고 있다. 저서로 하노이, 달랏, 나트랑, 푸꾸옥, 베트남, 체코, 크로아티아, 아이슬란드, 몰타, 오스트리아, 런던 등이 출간되었고 북유럽, 스페인 이탈리아 등이 발간될 예정이다.

폴라 http://naver.me/xPEdID2t

가고시마

인쇄 | 2023년 10월 25일
발행 | 2023년 11월 8일

글 | 조대현
사진 | 조대현
펴낸곳 | 해시태그출판사
편집 · 교정 | 박수미
디자인 | 서희정

주소 | 서울시 강서구 허준로 175
이메일 | mlove9@naver.com

979-11-93069-66-0 (03910)